ABRINDO O JOGO

Uma conversa direta sobre
câncer de mama

Silvio E. Bromberg

ABRINDO O JOGO
Uma conversa direta sobre
câncer de mama

Dados Internacionais de Catalogação na Publicação (CIP)
(Câmara Brasileira do Livro, SP, Brasil)

Bromberg, Silvio E.
 Abrindo o jogo : uma conversa direta sobre câncer de mama / Silvio E. Bromberg. -- São Paulo : Paulinas, 2020.
 216 pp.

 ISBN 978-85-356-4588-0

 1. Mamas – Câncer 2. Mamas – Câncer - Pacientes - Autoajuda I. Título

19-2436   CDD 616.944903

Índice para catálogo sistemático:
1. Mamas – Câncer   616.944903

Direção-geral: Flávia Reginatto
Editora responsável: Andréia Schweitzer
Copidesque: Monica Elaine G. S. da Costa
e Ana Cecília Maria
Coordenação de revisão: Marina Mendonça
Revisão: Equipe Paulinas
Gerente de produção: Felício Calegaro Neto
Diagramação: Jéssica Diniz Souza
Ilustração: Helena Cortez

1ª edição – 2020

Nenhuma parte desta obra poderá ser reproduzida ou transmitida por qualquer forma e/ou quaisquer meios (eletrônico ou mecânico, incluindo fotocópia e gravação) ou arquivada em qualquer sistema de banco de dados sem permissão escrita da Editora. Direitos reservados.

Paulinas
Rua Dona Inácia Uchoa, 62
04110-020 – São Paulo – SP (Brasil)
Tel.: (11) 2125-3500
http://www.paulinas.com.br – editora@paulinas.com.br
Telemarketing: 0800-7010081
© Pia Sociedade Filhas de São Paulo – São Paulo, 2020

Dedicatória

Tenho a companhia de minha esposa, Rachel, desde nossa infância. Como se prometida no passado, nossa união concretizou-se. Há décadas venho recebendo um amor intenso, regado de companheirismo, incentivos e dedicação. Um magistral apoio sem o qual não teria me tornado quem sou.

A minhas filhas, Nicole e Dafne, meninas que sempre sonhei ter e que, além de preencherem minha vida, são fontes de amor, inspiração e muito orgulho.

A meu saudoso pai, que deixou um legado de coragem, resistência e força para enfrentar os desafios da vida.

A minha saudosa mãe, que foi um exemplo de dedicação, resiliência e simpatia.

A meus irmãos, Sheila e Roberto, que, cada um a seu modo, me ensinaram como caminhar pela vida.

A meus sogros, Vitória e Leon, que em todas essas décadas, além de confiarem em mim, sempre me incentivaram a ser destemido e vencer meus desafios.

A meus amigos, que compartilham comigo o dia a dia.

A minha secretária Rose, sem a qual minha vida profissional seria totalmente desorganizada.

A todas as pacientes que colaboraram com este livro e a todas aquelas que de alguma maneira contribuíram com a minha formação profissional.

Ao Divino, pela possibilidade de existir, ter e receber tantos privilégios.

Ao HIAE, instituição onde passo a maior parte dos meus dias e que, há muitos anos, tem apoiado, incentivado e contribuído com meu desenvolvimento profissional.

Sumário

Apresentação 11

Prefácio 13

Prólogo 15

Introdução 17

1. O que é câncer? 19

2. A mama por dentro 27

3. Como se detecta o câncer de mama? 33

4. É possível prevenir o câncer de mama? 45

5. O choque da notícia 53

6. Tipos de câncer e chances de cura 65

7 Tratamento do câncer de mama 77

8 Entendendo os tipos de cirurgia 103

9 A vida durante e depois do câncer de mama 109

10 Mitos sobre o câncer de mama 119

11 Depoimentos 127

12 Sites e associações para ajuda ao paciente com câncer 197

Referências 203

Agradecimentos 215

Apresentação

O câncer de mama é um dos mais antigos tipos de câncer descritos pela Medicina. Papiros do Egito antigo e anotações de Hipócrates já mencionam a doença, sempre apontando para a gravidade do prognóstico e para a ineficácia dos tratamentos da época.

Nas últimas décadas, entretanto, este quadro se alterou radicalmente. A detecção mais precoce da doença, através da mamografia, a cirurgia conservadora, que, em conjunto com a radioterapia, evitam a mutilação das mamas, bem como os novos tratamentos sistêmicos de hormonioterapia e quimioterapia levaram a um tratamento mais tolerável, a uma grande melhora da qualidade de vida e, principalmente, a uma grande melhora da taxa de cura da doença, principalmente se diagnosticada precocemente. Desta maneira, o medo e a ignorância sobre o câncer de mama deram lugar a uma era de informação, de discussão aberta e clara nos meios de comunicação e de ampla participação das pacientes no processo decisório de tratamento. Quanto mais informada a paciente, mais ela participa das importantes decisões terapêuticas de seu caso e melhores se tornam os resultados do tratamento.

Neste sentido, este livro do Dr. Silvio Bromberg traz uma grande contribuição para o cuidado destas pacientes.

Acompanho de perto a carreira do Dr. Silvio Bromberg há vários anos e conheço bem a seriedade, a contínua atualização do conhecimento médico e a dedicação completa às pacientes que o tornaram um dos mais conceituados profissionais da mastologia no país. Minha admiração e respeito pela pessoa do Dr. Silvio me fizeram aceitar com prazer a tarefa de escrever esta apresentação. Numa linguagem clara e precisa, ele aborda os principais pontos sobre os quais a paciente necessita estar informada para ter certeza de que está recebendo o melhor tratamento para o seu caso, aumentando, assim, suas chances de cura.

Informação como esta, atualizada e correta, é difícil de ser encontrada hoje em dia, numa época de informações nem sempre confiáveis.

Tenho certeza de que esta obra será de grande valia para as pacientes de câncer de mama que desejam estar informadas e, assim, participarem e melhorarem suas chances de cura.

Dr. Sérgio D. Simon
Oncologista Clínico
Hospital Israelita Albert Einstein
Grupo Oncoclínicas

Prefácio

Aos 44 anos de idade, fui diagnosticada com câncer de mama. Nunca imaginei que pudesse acontecer comigo.

O câncer é uma palavra que vem carregada de significados terríveis: morte, sofrimento, angústia, punição, carma ruim, perdas...

E eu me perguntava: "Por que eu?".

Entendi rapidamente que precisava aceitar a doença sem me entregar a esses significados terríveis.

Em vez de entrar em pânico, comecei um processo de descobertas.

E passei a me perguntar: "Por que não eu?".

Incorporei o fato de a morte ser uma parte natural do ciclo da vida. Quando entendi isso, fui capaz de afastar a angústia e liberar toda a minha energia para focar na vida. *Sobre vida!* Aprendi muito sobre ela e como gostaria de vivê-la a partir da minha sobrevida conquistada a cada dia e passo dado no meu tratamento.

Nesse caminho, muitas coisas e pessoas foram fundamentais para a minha vitória.

O apoio e o amor da minha família, amigos e fãs foram um remédio valioso.

A competência e humanidade dos médicos que cuidaram de mim também foram essenciais para o meu êxito. Eu recordo quando me sentei na frente do Dr. Silvio pela primeira vez, recém-diagnosticada, esperando que ele me dissesse coisas terríveis sobre como seria dura, difícil e dolorosa a minha jornada a partir de então. Em vez disso, recebi acolhimento, informação, ânimo e um sorriso que tranquilizou o meu coração e o preparou para o que viria a seguir.

Obrigada, Silvio! Você foi uma luz na escuridão daquele momento!

Os médicos não têm ideia, mas eles são capazes de começar a nos curar a partir de uma palavra, um olhar, um abraço.

Saí do consultório confiante, cheia de coragem e força para vencer. Decidida a que, se o câncer me escolheu, eu também tinha o direito de escolher como conviveria com ele e o venceria.

Nessa jornada de aprendizados e descobertas, os livros foram uma companhia preciosa e constante. Quis entender o que estava acontecendo comigo. Não queria ser apenas uma paciente, mas sim uma parceira colaboradora dos meus médicos. Li e perguntei muito para eles. Encorajo você a fazer o mesmo. Através deste livro, ou a partir dele, tenha em mente que quanto mais souber sobre o que está acontecendo com você, maiores são as suas chances de cura, não só do câncer, mas também da sua vida.

O câncer é um professor duro, bastante rigoroso e tem algo para ensinar, basta saber como ouvir o que ele tem a dizer.

Desejo que, neste livro, você encontre respostas capazes de ajudá-la a compreender e determinar o seu caminho vitorioso como paciente e o seu verdadeiro papel de protagonismo na sua história.

Ana Furtado
Atriz, jornalista e apresentadora

Prólogo

Pode-se dizer que receber um diagnóstico de câncer seja uma das coisas mais difíceis de se encarar. Aliás, posso dizer, porque já passei por isso. Eu já tive câncer de mamas, passei por quatro sessões de quimioterapia, por 33 de radioterapia e ainda tomei anti-hormônios durante cinco anos. Mas posso dizer também que um diagnóstico precoce, um bom tratamento com médicos sérios e preparados, uma alimentação adequada e uma rotina de exercícios possíveis para essa fase ajudam demais. Demais mesmo!

Para rebater o medo que nos assola nessa etapa, é fundamental o afeto, o carinho da família, o cuidado, os amigos.

Nas páginas a seguir, um pequeno guia recheado de informações e dicas mais que bem-vindas, numa linguagem bem informal e bem acessível, tudo pensado e coordenado pelo Dr. Silvio Bromberg, mastologista e *expert* em câncer de mama. Sem um conhecimento preciso sobre a doença, como enfrentá-la? Dr. Silvio nos ajuda – e isso não é pouco.

Fico triste que na minha época, em 2008, ele ainda não tinha publicado este caderno de preciosidades. Ao mesmo tempo, fico feliz que esta coletânea de experiências e sugestões vá ajudar tanta gente. É isso o que importa.

JOYCE PASCOWITCH
Jornalista e colunista social

Introdução

> "... a doença pode representar a ausência de conteúdo espiritual,
> ausência de luz que resulta em um estado negativo no bem-estar físico...
> a saúde depende de um equilíbrio entre o corpo e a alma,
> entre a matéria e a forma que lhe molda e tem origem Divina..."
> Mitityahu Glazerson, *Torah, light and healing:*
> *mystical insights into healing based on the Hebrew language*
>
> (Nothvale: Jason Aronson Inc., 1993).

Muito antigamente, o entendimento e o tratamento das doenças aconteciam sob influência do sobrenatural, do místico...

Em cerca de 500 a.C., através de Hipócrates, pai da medicina, iniciou-se a ideia de tratamento conforme análise e observação do paciente.

Apesar de ser uma ideia disruptiva, ainda hoje percebo uma estreita correlação entre a fé e a medicina.

Observando minhas pacientes durante minha prática clínica, pude reparar no surgimento de uma imensa quantidade de questões pessoais, familiares, sociais, sempre tendo o câncer, recém-diagnosticado, como ponto central.

Como médico e estudioso, percebi que vivo envolto em histórias cheias de incógnitas, mistérios, dores e, felizmente, muitas vitórias.

Percebi que ir fundo no desconhecido desperta uma vontade de fuga; porém, quando essa tarefa vem preenchida de conhecimento, de esclarecimento, de acolhimento, renasce uma nova tranquilidade que ajuda a buscar um novo ponto de equilíbrio, que é essencial para a cura pessoal.

Percebi o quanto a informação e a fé ainda são fundamentais no processo de cura.

Obviamente, nossa vida é única e, mesmo sabendo que isso é o que nos valoriza, percebi que o compartilhamento de experiências e histórias no faz aprender, aceitar e transcender o isolamento que essa doença muitas vezes impõe.

Em uma época de extremo e rápido desenvolvimento tecnológico, a relação humana, a relação médico-paciente, ganham um valor imensurável.

Sendo assim, resolvi, através de uma linguagem simples, explicar o passo a passo de uma paciente, ou seja, descrever o momento do diagnóstico, os diferentes tipos de tratamento e o que vem depois de terminado tudo isso.

Procurei coletar depoimentos de diversas pacientes e mostrá-los em cada momento dessa jornada e, também, em determinado momento, em sua forma íntegra e bruta.

Acredito que, com essa leitura, ficará claro ao leitor que cada um vive a sua experiência a seu modo, mas que, mesmo assim, ouvir diferentes histórias salpicadas de orientações e conhecimento ajudará a superar essa fase da vida com muito mais facilidade.

O AUTOR

1 O que é câncer?

O que é câncer, essa doença tão assustadora? O que exatamente acontece com o organismo de uma pessoa com câncer?

Vamos entender o que é o câncer e como ele se desenvolve? Assim, ficará mais fácil enfrentar a doença e o tratamento, tanto se formos nós quanto se for uma pessoa próxima que estiver passando por isso.

Depois que conversei com os médicos, fiquei mais tranquila, porque eles falaram dessa doença como de uma outra qualquer, explicando que é possível a cura, que ela pode ser tratada até como uma doença crônica. Senti-me mais aliviada depois de ter falado com eles. Tinham clareza da situação e me transmitiram paz de espírito.

L.C., 36 anos, dona de casa

A célula

Para começo de conversa, o câncer não é uma doença, mas muitas. Existem muitos tipos diferentes de câncer, como: câncer de mama, de próstata, de pulmão, de pele, de osso e muitos outros. O que todos eles têm em comum? Por que todos se chamam "câncer"?

O que existe em comum entre todos os tipos de câncer é o crescimento ou a reprodução "bagunçada" de células, que podem, então, se espalhar pelo corpo. Primeiro, elas se reproduzem de tal forma e tão rápido, que formam aglomerados celulares irregulares, aos quais damos o nome de "tumores". Depois, conforme a doença avança, algumas células desse tumor se desprendem do aglomerado de células inicial e se espalham pelo corpo. É por conta dessa capacidade desordenada de reprodução e invasão de outros órgãos do corpo que um tumor é considerado maligno, ou seja, câncer.

As células de nosso corpo, aliás, assim como de todos os seres vivos, nascem, crescem, se reproduzem e morrem, completando seu ciclo da vida todos os dias. Elas fazem isso de um jeito muito bem organizado, em um ritmo adequado para cada tipo de tecido no corpo. Por exemplo, num corpo saudável, as células da pele, do cabelo e das unhas crescem muito mais rápido do que as células dos ossos. Chegamos a ter células que completam todo o seu ciclo de vida em questão de horas, como algumas células do sangue. Tal característica renova os tecidos para que suas funções permaneçam intactas e funciona como uma autorrenovação de cada componente que precisa trabalhar como a engrenagem de um relógio para manter todo o organismo funcionando.

Seja no câncer de pele, de mama ou em outro qualquer, o que acontece é que alguma ou algumas células adquirem a capacidade de se multiplicar ininterruptamente e invadir tecidos vizinhos, em outras palavras, de formar as metástases. O ciclo de autorrenovação natural para reposição de células de cada tecido fica deturpado quanto a sua ordenação habitual, ganhando uma dinâmica própria, muitas vezes de forma autônoma e muito rápida: mais rápido do que o organismo consegue se livrar delas.

Assim como o ouvido de um maestro deve identificar qualquer instrumento que esteja fora do tom durante uma sinfonia, nosso corpo tem alguns sistemas celulares que reconhecem e corrigem células que apresentem uma multiplicação fora do habitual. Ou seja, conseguem destruir tumores ali mesmo no local onde eles nascem, e isso é mais comum do que imaginamos. Imagine trilhões de células que precisam renovar-se ao longo do tempo... É muito intuitivo prever que em algum momento vai acontecer um erro que poderá dar origem a um crescimento rápido, ininterrupto e com potencial de invadir outros tecidos do nosso organismo.

Os tipos de câncer variam conforme o tipo de células de origem, ou seja, se o câncer se formou a partir de células de tecidos como a pele, ele se comporta de maneira completamente diferente de tumores que nasceram do osso ou do músculo. Alguns tipos de célula tendem a se multiplicar mais rapidamente, e são muito eficientes em enviar emissários pelo corpo todo. Outros tipos de tumor, apesar de serem considerados malignos (câncer), são menos agressivos e respondem a outros tipos de tratamento. Os médicos precisam saber que tipo de célula existe dentro do tumor para ter ideia de como ele costuma se comportar – e como precisa ser tratado.

Entretanto, a boa notícia é esta: existem certos tipos de câncer que são mesmo mais agressivos, mas, hoje em dia, sofrer dessa doença não é o mesmo que receber uma sentença de morte, como habitualmente se costuma pensar. Existe cura para diversos tipos de câncer, e, para os que ainda não são curáveis, já há, por parte da medicina, tratamentos que conseguem prolongar bastante o tempo de vida do paciente que recebe bom tratamento. Tudo depende do tipo de câncer e do tipo de paciente. Muitas medicações atuam diretamente na capacidade dessas células de se dividir, outras aumentam a potência do sistema imunológico, além disso, a combinação de diferentes modalidades de tratamento está nos levando a resultados cada vez melhores no tratamento e na luta para vencer o câncer.

As pessoas são muito ignorantes em relação ao câncer. Acham que, se você tem câncer, está condenada à morte. Quando dizia que tive câncer, elas não entendiam: "Como assim teve? Teve e não tem mais?". As pessoas não se conformavam, e eu tinha quase que me desculpar por estar bem.

K.L., 38 anos, empresária

Em geral, mais de 89% das mulheres com câncer de mama diagnosticado podem sobreviver por cinco anos. [1]

> Mais de 98% das mulheres com câncer de mama sobrevivem se a doença for detectada em sua fase inicial, quando o tumor está localizado e ainda não se espalhou. [2]

Sobrevida
Você vai ouvir esta palavra muitas vezes, caso alguém da sua família, ou até você mesma, tiver um diagnóstico de câncer. *Sobrevida* é um termo estatístico que os médicos usam para identificar o tempo de sobrevivência de uma pessoa, depois que ela recebeu o diagnóstico de câncer. Já quando se está falando de uma população, e não de uma pessoa só, sobrevida indica geralmente a porcentagem de pessoas que sobreviveram ao câncer cinco anos após o diagnóstico. [3,4]

Um tumor pode ser benigno?

Sim, um tumor pode ser formado por muitas células de um determinado tipo, que estão ali reunidas numa massa localizada. Mas um tumor benigno cresce de forma diferente de um maligno e não tem a capacidade de invadir outros tecidos e se espalhar. Ele, em geral, se desenvolve mais devagar, quando comparados a um tumor maligno. Como comumente os tumores benignos formam-se mais lentamente, eles são mais indolentes e fáceis de serem tratados.

Do ponto de vista realista, a definição de malignidade, como sendo a capacidade que as células têm de invadir tecidos vizinhos e se instalar em órgãos distantes de onde a proliferação inicial se deu, é insuficiente. Por exemplo, se um tumor nasce no tecido cerebral e cresce, mesmo sem invadir outros tecidos, esse tumor levará a déficits neurológicos graves para o indivíduo, sendo, portanto, maligno. Dessa forma, podemos concluir que o conceito de malignidade vem da capacidade de as células tumorais invadirem outros tecidos, bem como de os tumores levarem a sintomas deletérios para o indivíduo. A confusão com respeito a esse conceito vem da intersecção entre uma definição biológica, celular e outra mais subjetiva, a causadora de sofrimento ao indivíduo. [5]

> Mais de 80% dos tumores de mama que se consegue palpar com as mãos são benignos. [6,7,8]

Neoplasia

Este é outro nome que os médicos dão para a formação de tumores. "Neoplasia benigna" significa uma lesão benigna, e "neoplasia maligna" é o mesmo que lesão ou "tumor maligno". É comum, às vezes, você ler essa palavra "neoplasia" em algum documento. [5]

Biópsia: a célula ao microscópio

Você provavelmente já ouviu falar em "biópsia": esse é o exame no qual se retira um pedaço daquele conglomerado de células que chamamos de tumor, para que aquela amostra possa ser examinada sob um microscópio. O médico extrai uma pequena amostra do tecido do tumor e envia ao patologista, que examina essas células através de microscópio, com lentes de grande aumento, e consegue distinguir o tipo de célula que existe ali, se está invadindo outros tecidos e em que fase da vida se encontra. O patologista, então, transmite essas informações ao médico para que ele possa decidir qual o melhor tipo de tratamento para seu paciente. [9]

Dependendo do tipo de câncer sob investigação, a biópsia (a amostra de tecido) é coletada de maneira diferente. Se a biópsia é da pele, por exemplo, o médico retira um pedacinho bem pequeno, usando um bisturi (com anestesia, claro). Se a biópsia é de tecido da mama, em geral colhemos um pedaço do nódulo da mama introduzindo uma agulha fina, através da pele e de tecidos subjacentes, para aspirar um pouquinho das células lá de dentro. Vamos falar disso mais tarde. [10]

Câncer de mama em homens
Você sabia que também os homens podem ter câncer de mama?
Os homens não têm as mamas desenvolvidas e, por isso, possuem uma quantidade de tecido mamário bem menor. Por isso, o câncer de mama em homens é muito raro: somente 1% dos tumores de mama é diagnosticado em homens. [11,12,13,14]

Nomes esquisitos

Os médicos dão nomes aos tipos de câncer que podem parecer estranhos para o paciente e sua família. "Carcinoma" ou "sarcoma" são alguns desses nomes. Não se assuste com eles: esses nomes indicam, para o profissional de saúde, qual o tipo de célula que deu origem àquele tumor. Com isso, o médico pode planejar melhor o tratamento. [5]

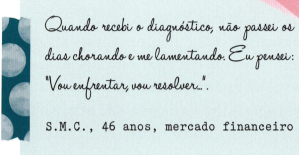

Quando recebi o diagnóstico, não passei os dias chorando e me lamentando. Eu pensei: "Vou enfrentar, vou resolver...".

S.M.C., 46 anos, mercado financeiro

Agora, vamos conhecer melhor a mama por dentro e saber o que faz com que o câncer de mama apareça.

A mama por dentro

O que as mulheres têm dentro da mama?

A mama é a fábrica feminina de produção e secreção do leite. Nas mulheres, durante a puberdade (adolescência), as mamas crescem e se desenvolvem. Já nos homens, a mama também se desenvolve, mas de forma mais rudimentar, sem formação de algumas partes (como os lóbulos). [1,2] Mas pouca gente sabe o que há por dentro da mama.

Dentro da mama existem glândulas mamárias e gordura. As glândulas mamárias, onde se fabrica o leite, são organizadas em pequenos agrupamentos (parecidos com cachos de uva). [1] Cada mama tem cerca de 15 a 24 desses que os médicos chamam de "lobos". Cada um desses lobos, por sua vez, é subdividido em muitos "lóbulos" (que seriam as uvas de cada cacho). Eles estão separados por tecido fibroso e gordura. [2] Essas pequenas fábricas de leite são ligadas ao mamilo pelos ductos (os canais que levam o leite, ou pequenos túneis). [2,3]

Toda essa estrutura fica sobre os músculos do peito (que são divididos em dois: *peitoral maior* e *peitoral menor*). [2] Cada mulher tem uma quantidade diferente de gordura na mama, então, algumas podem ter mais tecido mamário e glandular, enquanto outras podem ter mais gordura. [3] Nas mulheres que têm mais quantidade de tecido mamário (glandular e fibroso) e menos gordura, os médicos dizem que a mama é "mais densa". Como o câncer de mama se desenvolve no tecido mamário, é claro que mulheres com menos gordura têm risco maior de câncer de mama do que quem tem mais gordura, certo? [1,2]

Mamografia
É um raio X da mama. A gordura aparece como um material quase preto no fundo também preto da mamografia. Já as glândulas mamárias (ductos, lóbulos) aparecem claras, e os tumores são brancos. Pode ser difícil para o radiologista enxergar um pequeno tumor em quem tem mama densa (com mais material glandular do que gordura). [4,5,6]

A mama densa (com grande proporção de tecido glandular e pequena parte de tecido gorduroso) tem, comprovadamente, risco maior de desenvolver câncer do que a menos densa, com mais gordura. [7] Além disso, nas mamas com mais gordura, fica bem mais fácil de enxergar, pequenos tumores através da mamografia. [5] Por esse motivo é que o médico geralmente solicita outros exames de imagem, como a ultrassonografia, [8] ou muitas vezes uma ressonância magnética, [9,10,11] para poder "enxergar melhor" através dessa densidade. Assim, pode confirmar se realmente há ou não alterações na mama.

Quando a paciente conhece bem o seu corpo, tem mais condições de identificar qualquer alteração, seja visualmente, diante do espelho, seja palpando a mama. Quando acostumada a se au-

toexaminar desde jovem, a mulher aprende a reconhecer e a diferenciar o que faz parte da sua mama e o que não faz. [12,13] Rotineiramente, o autoexame não é recomendado como método de rastreio de câncer de mama. Entretanto, é uma atitude de empoderamento das mulheres e pode ajudar a diminuir a negligência em caso de alterações anatômicas na mama. Como é uma costela? O que é músculo? Qual a espessura e a textura de suas mamas e de nodulações que podem aparecer de vez em quando?

```
Mulheres que não têm o hábito de se autoexaminar
correm o risco de negligenciar o diagnóstico do cân-
cer de mama. [14]
```

Os nódulos nas mamas podem ser sólidos ou com líquido no interior (chamados de cistos mamários). A diferença entre sólido (tumor benigno ou maligno) ou líquido (cisto, geralmente benigno) é vista pela ultrassonografia e confirmada pela biópsia. [15]

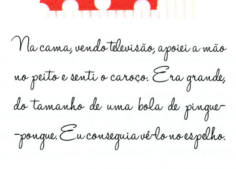

Na cama, vendo televisão, apoiei a mão no peito e senti o caroço. Era grande, do tamanho de uma bola de pingue-pongue. Eu conseguia vê-lo no espelho.

H.M., 56 anos, empresária

Além de gordura e glândula mamária, a mama tem ligamentos que servem para manter sua sustentação e, também, é composta por vasos sanguíneos. Esses vasos nutrem a mama e se conectam com outros vasos sanguíneos que seguem por todo o corpo. A região também contém os vasos linfáticos, que são muito importantes para a saúde da mama. Os vasos linfáticos são como vasos sanguíneos, só que eles transportam outro líquido, chamado *linfa*. A linfa contém células de defesa do nosso organismo. Ela banha todos os tecidos e órgãos e vai retirando a "sujeira" que encontra pela frente: micróbios, células mortas, substâncias tóxicas e, também, células cancerosas. Os vasos linfáticos drenam esse material ruim em direção ao tórax, onde um canal específico coleta essa linfa e a despeja na corrente sanguínea, para depois ser descartada pela urina. [2,3]

Antes de chegar à corrente sanguínea, entretanto, a linfa obrigatoriamente passa por algum nódulo linfático, os chamados "gânglios" ou "ínguas", que estão espalhados por várias partes do corpo. Há gânglios linfáticos no pescoço, nas axilas, nas virilhas e em muitos outros lugares. Eles são como postos de vigilância do corpo, sendo palco de batalhas entre o nosso organismo e os elementos estranhos (os micróbios, as células de câncer etc.). [2,3]

No caso da mama, quem filtra esses elementos estranhos são os gânglios que estão nas axilas (embaixo do braço). Se o cirurgião encontra uma pequena quantidade de células de câncer no gânglio da axila, é porque elas foram contidas e filtradas ali. Mas, se existe no gânglio da axila uma quantidade grande de células iguais às do tumor da mama, isso significa que há um risco maior de o câncer estar começando a se espalhar. Nesses casos, um tratamento mais intenso é necessário. [16,17]

Glândula
É um aglomerado de células que funciona como um órgão que secreta certo tipo de substância: pode ser um hormônio, pode ser um ácido usado na digestão ou pode ser leite, como no caso da glândula mamária. [2,3]

Seio
Em língua portuguesa é o vão, o espaço entre as mamas, um local de aconchego, que indica que algo está perto do peito, no colo. Então, na verdade, as mulheres geralmente não têm câncer "de seio" e sim "câncer de mama". [2,3]

Você já entendeu que os três principais componentes da mama são os *lóbulos*, que produzem o leite, os *ductos*, que o transportam até o mamilo, e os *vasos linfáticos*, que defendem toda essa fábrica de leite contra os invasores. Os dois principais tipos de câncer de mama atingem, justamente, os ductos (*carcinoma ductal*) e os lóbulos (*carcinoma lobular*). Você pode ter ouvido falar deles quando seu médico explicou o resultado de exames. Existem muitos outros tipos de câncer de mama, mas o ductal e o lobular são mesmo os mais comuns. [1]

Além desses dois principais tipos de tumores malignos, existem também *tumores benignos* de mama. São formações não malignas, portanto, não são consideradas "câncer", como, por exemplo, os cistos, o fibroadenoma ou até alterações não nodulares, como alguns tipos de calcificações de aspecto benigno. Dessa forma, um "nódulo na mama" nem sempre significa câncer! [7]

As calcificações são pequenas pedrinhas de cálcio que se depositam na mama e não podem ser sentidas nem palpadas. Esses depósitos de cálcio têm muitos formatos diferentes e a sua distribuição na mama também é bastante diversificada. As calcificações podem estar agrupadas ou espalhadas, bem como ocupar uma área maior ou menor. Na sua maioria, elas são benignas e representam somente um sinal de involução da glândula mamária ou de sequela após cirurgia anterior ou infecções. Em geral, advêm de um processo inflamatório qualquer na mama. [18]

No entanto, se o médico enxerga algum sinal de degeneração celular nessas microcalcificações, quando elas estão agrupadas ou com forma irregular, ou se essas microcalcificações têm certo aspecto no exame, ele poderá solicitar que o exame seja repetido mais cedo ou mesmo pedir uma biópsia (ou seja, a retirada de um pedacinho do tecido para analisar no microscópio), para verificar se as células em torno delas são cancerosas ou "pré-malignas" (ou seja, se podem transformar-se em câncer). Vamos falar sobre essas imagens e exames no próximo capítulo. [18]

Como se detecta o câncer de mama?

Existem várias maneiras de detectar o câncer de mama, e, quanto mais cedo o tumor é descoberto, maior a chance de cura. [1] A primeira é a chamada *palpação*, ou seja, o toque da mama, que pode ser feito pela própria mulher ou por seu médico. [1,2] As mulheres que estão acostumadas a tocar a própria mama e a se olhar no espelho têm mais chances de perceber nódulos, benignos ou malignos, quando eles ainda estão pequenos. [3,4] É importante sempre procurar o médico quando notar, no dia a dia, qualquer diferença na mama: seja um *nódulo* (uma "bolinha"), seja uma *depressão* ("buraquinho"), seja uma diferença na textura ou no aspecto. Inchaços, irritações na pele, vermelhidão, engrossamento do mamilo podem ser sintomas de várias doenças na mama, inclusive o câncer. Caso se observe qualquer tipo de secreção no mamilo (que não o leite durante a amamentação), também é importante avisar o médico. [4]

Além do autoexame e da palpação das mamas que o ginecologista ou o mastologista normalmente fazem, a mulher provavelmente receberá indicação de seu médico para fazer *mamografia* em algum momento na vida. [5] A mamografia é um exame que utiliza raios X para formar uma imagem das mamas em posições adequadas e protocolares para que os médicos possam comparar exames ao longo do tempo e melhorar as chances de caracterização de um nódulo maligno. Ela pode revelar tumores ainda pequenos, ou seja, antes mesmo que a mulher ou o seu médico consigam senti-lo na palpação. É feita num equipamento disponível na maioria das cidades, entretanto, ainda nem todos os estados brasileiros conseguem atingir uma cobertura adequada do exame de rastreamento, apesar de não ser um exame caro. A mamografia é considerada no mundo todo um exame muito sensível para descobrir casos de câncer de mama e, por isso, é utilizada por muitos países no *rastreamento desse tipo de câncer*. [6,7]

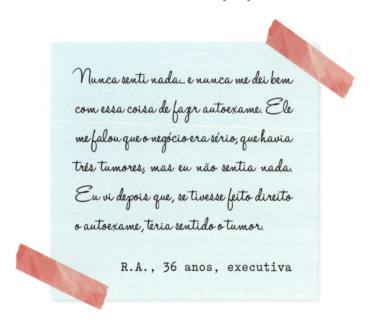

Nunca senti nada... e nunca me dei bem com essa coisa de fazer autoexame. Ele me falou que o negócio era sério, que havia três tumores, mas eu não sentia nada. Eu vi depois que, se tivesse feito direito o autoexame, teria sentido o tumor.

R.A., 36 anos, executiva

O exame de *rastreamento* é feito em toda a população que tem risco para determinada doença, mesmo sem sintomas, e em intervalos regulares. É um exame que procura detectar os casos de câncer precocemente na população inteira. A mamografia, por exemplo, é realizada em mulheres geralmente acima dos 40 anos, a cada um ou dois anos, dependendo da idade. Essa recomendação também pode ser diferente, conforme o país onde se vive: a indicação da periodicidade da mamografia depende das normas locais, que são baseadas em estudos feitos em cada população, levando em consideração o custo e o benefício em cada país. [8,9]

Mamografia

No Brasil, existem duas recomendações complementares: o Instituto Nacional do Câncer (INCA) orienta que a mulher realize uma mamografia a cada dois anos a partir dos 50 anos de idade. [10] A indicação do Colégio Brasileiro de Radiologia e da Sociedade Brasileira de Mastologia é de que a mamografia seja realizada anualmente, a partir dos 40 anos de idade, para todas as mulheres que tenham o chamado "risco habitual" de desenvolver a doença durante a vida, ou seja, não têm risco aumentado. [11] O "risco habitual" ou "risco padrão" é de cerca de 13% de chance de desenvolver a doença durante a vida, um risco a que toda mulher está sujeita, simplesmente pelo fato de ser mulher. Porém, a idade na qual se deve fazer a primeira mamografia é algo a ser discutido com o médico, com base no histórico familiar, na idade e no risco pessoal para a doença (que ele calcula levando vários fatores em consideração). Em casos de câncer na família, por exemplo, o médico pode solicitar a realização da mamografia anual até mais cedo, entre os 25 e 30 anos de idade. [12, 13]

Porém, como todo procedimento médico, a mamografia não é de todo isenta de riscos ou desconforto. Para algumas mulheres, ela não é um exame muito confortável: enquanto algumas não sentem nada, outras (mais ou menos um terço delas) reclamam de dor quando o técnico em radiologia regula a máquina para pressionar a mama. [14] O radiologista faz isso para obter uma melhor imagem que permita ao médico visualizar a mama inteira. No entanto, essa pressão – que pode ser um pouco assustadora por causa do tamanho da máquina – é totalmente controlada e não provoca nenhuma sequela. [15] Além disso, a pressão dura menos de 10 segundos, tempo suficiente para que a imagem seja adquirida pelo mamógrafo, então, não chega a ser razão suficiente para adiar a realização do exame. [15,16]

> Como tenho mamas pequenas, tive bastante medo de fazer a mamografia pela primeira vez, porque todo mundo sempre me dizia que as mamas são "espremidas" ao máximo pela máquina. Eu pensava: "O que vão ter para apertar aqui?". Mas me surpreendi, porque fui superbem atendida e a enfermeira me tranquilizou. O exame não é confortável, mas não senti tanta dor como esperava. Na segunda vez, um ano depois, fui fazer o exame num local diferente e a experiência não foi a mesma. A enfermeira estava com pressa e não deu ouvidos quando reclamei que estava doendo. Estava mais interessada em terminar logo e atender a próxima paciente! Mesmo assim, saí de lá tranquila pelo resultado negativo, que compensou qualquer dor. Tenho que admitir que, embora tenha sentido dor, foi só por uns três segundos, no máximo!
>
> P.L., 43 anos, editora

> Não fui fazer os exames no tempo certo. Era para eu ter realizado os exames em abril (faço todo ano em abril, quando completa um ano), e fui fazer só em novembro, deixei passar... Várias vezes eu estava em reunião, o telefone tocava, e eu ligava para a secretária e pedia que remarcasse o check-up para mim. Nunca priorizava o exame.
>
> R.A., 36 anos, executiva

Existe também o risco de a mamografia detectar um tumor que teria uma progressão muito lenta, e que provavelmente não chegaria a ameaçar a vida da mulher. Nesses casos, mulheres saudáveis, que têm nódulos não tão agressivos, seriam submetidas a tratamentos (às vezes, intensos) sem necessidade, por causa do que foi mostrado na mamografia. O problema é que não há como diferenciar as mulheres que precisam ou não de tratamento agressivo só com a mamografia. Ou seja, a mamografia pode "exagerar" na indicação do risco. Essa dificuldade da medicina ainda não tem uma solução adequada, mas, em alguns países, em geral países desenvolvidos, a mamografia está sendo colocada em dúvida como método de rastreio. Dentro da nossa realidade, a mamografia ainda tem muito valor, uma vez que o acesso ao sistema de saúde não é rápido e muitas vezes insuficiente. [17]

Por outro lado, a mamografia também pode deixar de detectar tumores (ou seja, pode ser que eles passem despercebidos). Por isso, existem outros exames de imagem que ajudam a eliminar essa possibilidade. Além da mamografia, o médico pode, por exemplo, pedir também uma *ultrassonografia das mamas*. [17]

> Mulheres que foram operadas para tratamento de câncer em uma mama precisam, ainda assim, continuar fazendo mamografias regulares na outra mama e, se for o caso, na mama operada. Mulheres que tiveram câncer de mama uma vez têm chance de retorno daquele tumor ou do surgimento de outro. [18,19]

Ultrassonografia

A ultrassonografia é um exame que usa ondas de som para examinar partes moles do corpo. Portanto, não expõe o paciente à radiação – que está presente na mamografia, mesmo que em baixa dose –, sendo um exame mais seguro. No caso das mamas, a ultrassonografia ajuda a diferenciar cistos (que são bolas cheias de líquido) de tumores (que são massas mais sólidas ou com componentes sólidos de permeio). O ultrassom pode, inclusive, guiar o médico para drenar o líquido do cisto usando uma agulha fina, ou para realizar outros tipos de "punção" para fazer diagnósticos. Adicionando a ultrassonografia à sua avaliação, o médico se torna capaz de detectar mais casos de câncer de mama – embora, por outro lado, também haja o risco de encontrar mais falsos positivos, ou seja, enviar para a realização da biópsia uma mulher que tinha somente uma lesão inocente. [20]

A ultrassonografia também pode ser utilizada para examinar melhor a área das axilas, a fim de verificar se há sinais de que o tumor se espalhou para essa região. Então, se existirem sinais de que há também lesões nos linfonodos, a classificação do estágio da doença muda e o tratamento também. O problema do ultrassom é que ele depende da experiência do médico que faz o exame e, dessa forma, a capacidade do exame em achar lesões menores, ou seja, com maior chance de ser maligna, é proporcional à experiência de quem realiza o exame. [20]

Ressonância magnética

Em alguns casos, a ressonância magnética da mama pode ser usada adicionalmente à mamografia. Ela não deve ser realizada sem a mamografia, porque pode deixar de detectar alguns tumores que a mamografia é capaz de revelar. A ressonância também pode ser solicitada antes da cirurgia. Neste caso, a intenção é conhecer melhor a mama e verificar se há mais de uma lesão em lugares diferentes ou se o tumor está concentrado num lugar só. [21]

A ressonância magnética usa ondas de rádio e eletromagnéticas para construir as imagens, como se fosse um grande ímã. No caso da ressonância de mama, geralmente é injetado numa veia da paciente um tipo de contraste, chamado gadolínio, para que o aparelho possa detalhar melhor as imagens. [21]

A ressonância magnética tem sua indicação periódica, como rastreamento, somente para as mulheres com alto risco de desenvolver o câncer de mama, ou seja, que têm histórico pessoal ou familiar de câncer de mama ou ovário. O histórico familiar aqui é considerado quando um ou mais parentes de primeiro ou segundo grau, no mesmo lado da família, desenvolveram a doença. Também será indicado o exame de ressonância se a paciente ou seus familiares têm alguma alteração genética significativa já diagnosticada. [22,23]

> Deve-se observar o histórico familiar quando:
>
> - Algum membro da família tem uma mutação conhecida ou susceptibilidade genética.
> - Há ≥ 2 cânceres de mama primários no mesmo indivíduo.
> - Há ≥ 2 indivíduos com câncer de mama no mesmo lado da família.
> - Há ≥ 1 câncer de ovário em um mesmo lado da família.
> - Há um parente de primeiro ou segundo grau com câncer de mama com ≤ 45 anos.
> - Há ≥ 1 familiar no mesmo lado da família combinando câncer de mama e ≥ 1 caso de: câncer de pâncreas, próstata agressivo, sarcoma, câncer adrenocortical, tumor cerebral, leucemia/linfoma, polipose intestinal, câncer gástrico difuso.
> - O caso é oriundo de população de alto risco.
> - O câncer de mama é masculino.
> - Há caso de câncer de ovário/trompa/peritoneal.
>
> Informe seu médico se souber de qualquer caso de câncer na família ou de qualquer uma dessas situações. [24]

Biópsia

Se em algum desses exames for detectado um nódulo que tenha alguma probabilidade de ser maligno, será preciso fazer uma *punção*, a *biópsia percutânea* (quer dizer, uma agulha introduzida através da pele). A punção pode ser feita com agulha fina (para retirar um aglomerado de células) ou com uma agulha mais calibrosa (para retirar uma pequena porção do tecido interno da mama) para exame das células ao microscópio. É com um desses exames que o médico vai dar o diagnóstico de um cisto ou tumor benigno ou maligno e recomendar o tratamento, quando necessário (pode ser que não seja necessário tratar). A biópsia percutânea é o exame com maior acurácia para notificar com certeza se alguém tem câncer, qual é o tipo e qual a melhor estratégia de tratamento. [25]

A mamografia pode revelar nódulos e calcificações que não são malignos – mas, na dúvida, o médico solicita a punção percutânea para biópsia para averiguação diagnóstica, pois é preciso ter certeza de qual tipo é o tumor. A realização de mamografias também expõe a mulher ao risco de fazer biópsias desnecessariamente – junto com todo o estresse que isso representa. A mamografia executada na forma de rotina – isto é, anual ou bianualmente e independentemente da existência de nódulos – pode fazer com que muitas mulheres saudáveis realizem a biópsia desnecessariamente. A mulher precisa saber que, ao se dispor a fazer a mamografia, pode receber um "falso positivo", ou seja, poderá ter de se submeter à punção percutânea para biópsia sem que isso signifique que tem câncer. A boa notícia é que a punção para biópsia tem bem poucos efeitos colaterais ou complicações. [26]

A biópsia, como vimos, é a análise das células do tumor. O médico patologista consegue visualizar essas células no microscópio, com base em um pedacinho do tecido que o mastologista retirou da mama. A punção do tecido para a biópsia de mama pode ser executada de quatro maneiras: aspiração por uma agulha fina (ou *punção aspirativa por agulha fina, PAAF*), punção com agulha grossa (a chamada *core biopsy*), punção com agulha grossa e assistida a vácuo (chamada *mamotomia*), ou ainda a *biópsia cirúrgica*, através de uma incisão mínima (um pequeno corte), feita com bisturi. [27]

A punção por agulha fina é um exame rápido que, às vezes, até dispensa anestesia. O médico usa o ultrassom para guiar a agulha, conectada a uma seringa, até o local onde já visualizou um nódulo na mama. Com movimentos de vaivém da seringa e puxando o êmbolo, ele consegue sugar material suficiente para colocar nas lâminas, que serão enviadas ao patologista (poucas gotas de sangue com as células suspeitas dentro). Retirada a agulha, ele faz um pequeno curativo sobre o furinho. [25]

Na biópsia por agulha grossa, ou *core biopsy*, como o próprio nome diz, é preciso usar uma agulha mais calibrosa, agora acoplada não a uma seringa, mas a uma pistola especial que consegue retirar pedaços maiores do tecido do que com a punção por agulha fina. Isso é feito com anestesia local. Este exame também é guiado por ultrassonografia ou por mamografia ou também orientado por ressonância magnética em alguns casos. No dia seguinte, a paciente deve voltar para trocar o curativo. [27]

Na biópsia assistida a vácuo, ou mamotomia, também sob anestesia local, a agulha é ainda mais grossa do que na *core biopsy* (tem cerca de 4 mm): neste caso, ela é chamada de *sonda*. O equipamento tem um sistema a vácuo de sucção com uma lâmina interna de corte. Neste exame, o médico não precisa fazer movimentos de vaivém, ele somente posiciona a sonda embaixo da lesão e consegue cortá-la e sugá-la para dentro da sonda. O fragmento a ser retirado é bem maior do que com a *core biopsy*. [28] Ele pode também aproveitar para inserir um clipe metálico dentro da mama no exato local de onde retirou o fragmento de tecido. Assim, futuramente, caso seja necessário fazer outros exames ou operar a mama, é fácil identificar a exata localização. Se o nódulo ou microcalcificação for pequeno, pode ser que seja retirado inteiramente de uma vez só. Este exame também é guiado por ultrassonografia ou por mamografia, ou também orientado por ressonância magnética em alguns casos. No dia seguinte, a paciente deve voltar para trocar o curativo. [28,29]

Todos os exames que envolvem punções com agulhas ou incisões (pequenos cortes) são feitos com anestesia local. Portanto, são indolores.

Em alguns casos, em que não foi possível chegar a um diagnóstico com as punções ou em que a paciente tem condições clínicas especiais, o médico pode sugerir fazer a biópsia no centro cirúrgico, e, nesses casos, é possível realizar, no mesmo momento, o tratamento cirúrgico, quando indicado. Isso porque esse exame tem a vantagem de permitir fazer o congelamento rápido do material retirado para que o patologista veja na mesma hora qual é o resultado (numa análise que os médicos chamam de "intraoperatória", ou seja, durante a cirurgia). Assim, se for necessário ampliar a cirurgia (retirar mais tecido da mama), isso pode ser feito no mesmo procedimento. [30]

A biópsia também pode ser executada nos linfonodos ou gânglios linfáticos da mama para avaliar se a doença está contaminando esses linfonodos: o patologista pode verificar isso no mesmo momento, sem necessidade de espera pelos resultados. A biópsia cirúrgica tem indicações específicas para determinadas situações. Devem ser ponderadas com o mastologista as vantagens e desvantagens da internação, com os riscos inerentes a qualquer cirurgia, anestesia, cicatriz maior e outros fatores. [31]

Meu oncologista realizou teste genético em mim, ao contrário das minhas tias, que não o fizeram. Quando apenas uma pessoa faz o teste, já é possível identificar o defeito genético. Eu não tenho filho, mas tenho irmã, sobrinha etc, e por isso realizei o exame. O teste identificou o defeito genético. Meus irmãos também o fizeram, pois, uma das coisas que descobri, é que homem também pode ter câncer de mama. Mas não foi detectado nada em nenhum deles.

S.M.C., 46 anos, mercado financeiro

4 É possível prevenir o câncer de mama?

Existe uma diferença entre *prevenir* e *detectar* o câncer bem cedo ("precocemente", como dizem os médicos), de forma que se possa tratá-lo ou curá-lo. Prevenir significa impedir que ele apareça, tomando alguma medida de proteção. Enquanto detectar precocemente ajuda a escapar da doença, quando ela já existe. [1]

Toda mulher sabe que precisa fazer o *exame de Papanicolau* todo ano (aquele que serve para diagnosticar o câncer de colo de útero). Esse exame, também conhecido como "papa", é o único que é realmente preventivo, ou seja, ao ver que existem alterações nas células do colo do útero, o médico pode recomendar tratamento para revertê-las para a normalidade.

Isso não acontece com o exame de mamografia: neste caso, quando o médico encontra uma alteração no raio X, a lesão já está lá e precisa ser tratada (retirada). Isso quer dizer que a mamografia detecta as lesões quando elas são pequenas e podem ser tratadas e curadas, mas a mamografia não pode ser chamada de "exame preventivo". [2]

Como vimos, as mulheres com mamas mais densas e com menor teor de gordura, assim como as mulheres com histórico de outros casos de câncer na família têm risco maior de ter câncer de mama – por isso, elas não podem descuidar dos exames de rotina todo ano. Esses exames, para todas as mulheres, com mamas densas ou não, com parentes afetados ou não, ajudam a detectar pequenos nódulos antes que eles cresçam. Uma vez diagnosticado no início, o câncer tem chances enormes de cura. [3]

> *Não tenho histórico familiar de câncer de mama, somente alguns parentes mais distantes com leucemia. Então, o diagnóstico do tumor foi um susto, uma surpresa muito grande, porque eu não tinha conhecimento desse "fantasma" a me perseguir, como é o caso de muitas pessoas. Eu desconhecia a possibilidade desse risco.*
>
> S.M.C., 46 anos, mercado financeiro

O câncer de mama é influenciado por várias coisas que alteram os níveis de hormônios da mulher, uma vez que as células da mama normalmente crescem e se multiplicam como resposta a hormônios como o estrógeno, a progesterona e a prolactina. [4] Então, os níveis desses hormônios regulam, indiretamente, o risco de ter câncer de mama também. Por exemplo, mulheres com menor número de gestações, que não amamentaram e que tiveram, por isso, mais períodos menstruais na vida, têm um risco ligeiramente aumentado de ter câncer de mama. Daí que amamentar e ter a primeira menstruação tarde ou a primeira gravidez antes dos 20 anos são considerados fatores que ajudam a proteger a mulher do câncer de mama. [5]

Só que essas são coisas que nem sempre a mulher pode ou quer controlar: a densidade das mamas ou a idade em que se menstrua a primeira vez, por exemplo, não são controláveis. O que, então, a mulher pode fazer, em seu dia a dia, para manter a saúde e prevenir o câncer de mama? Será que isso é possível? [6]

Sim, um dos fatores de risco modificáveis para o câncer de mama, e talvez o mais importante, é o fumo. O tabaco é um estímulo para as modificações genéticas que levam as células a se multiplicarem descontroladamente. Portanto, deixar o cigarro é uma maneira de parar de "provocar" a mama com um estímulo negativo a todo momento, além de ser uma medida inteligente não só para quem quer evitar o câncer de mama, como também vários outros tipos de doenças: o fumo não é sinônimo de câncer de pulmão somente. O cigarro também pode disparar o câncer em outros órgãos, como a mama. [7]

Até pouco tempo atrás, acreditávamos que o cigarro não apresentava relação com o câncer de mama, só com outros tipos de câncer. Porém, os últimos estudos têm mostrado que sim, que existe essa relação. Isso ocorre porque o tabaco contém muitas substâncias tóxicas, chamadas "carcinogênicas", ou seja, capazes de gerar modificações nas células que caracterizam o câncer. As fumantes de longa data apresentam maior risco, e esse risco é ainda mais elevado se também usarem álcool diariamente ou se iniciaram o uso do cigarro cinco anos antes do primeiro parto. A influência do tabaco no câncer de mama independe, segundo os últimos estudos, da raça ou da condição social da mulher: o cigarro é prejudicial para todas as mulheres! [7]

Outra coisa que está claramente ligada aos casos de câncer de mama é a obesidade. Controlar o peso, mantendo-se magra, ajuda a prevenir o câncer de mama. Tanto a obesidade como o sedentarismo, ou seja, a falta da prática de atividades físicas, estão

ligados a maiores índices de câncer de mama e, também, a maior risco de morrer da doença. Por que isso acontece? Porque a gordura excessiva interfere em vários processos no dia a dia do nosso organismo, e, uma vez "desregulados", eles propiciam o início do crescimento do tumor. Além disso, o tecido adiposo (gorduroso) também produz hormônios femininos, e sua maior exposição aumenta o risco do aparecimento do câncer de mama em pacientes na pós-menopausa. [4,8] Para as pacientes na pré-menopausa, há evidência de que a obesidade até diminui o risco de câncer de mama. [9]

A obesidade causa uma disfunção (desequilíbrio) no tecido adiposo (a gordura) do corpo, o que faz com que haja um processo crônico de inflamação. Essa inflamação crônica nem sempre causa sintomas (que os médicos chamam de "subclínica"), mas provoca certa interação entre as células de gordura e as que são responsáveis pelas defesas do corpo (do sistema imunológico). O mecanismo pelo qual isso acontece também passa pela liberação da insulina no corpo, que está alterada nas pessoas com maior peso, e por outros hormônios que são secretados pelo tecido gorduroso e que interagem com o estrógeno, num intrincado processo que regula a morte celular programada (necessária para evitar que as células cancerosas se multipliquem, como vimos). Várias substâncias que são indicativas de inflamação (por exemplo, as citocinas e outras proteínas) encontram-se aumentadas no corpo de quem está obeso e com câncer. Essas alterações inflamatórias estimulam, no tecido gorduroso, maior produção de hormônios, e isso, nas mulheres que ainda não entraram na menopausa, aumenta a chance de desenvolver câncer de mama. [10]

> *Para manter o peso adequado, procure adaptar os hábitos alimentares a um padrão rico em frutas, hortaliças e grãos integrais, e evite alimentos industrializados, doces e bebidas açucaradas. Tudo isso aliado à atividade física. Caso julgue necessário, procure ajuda profissional.*

Por outro lado, praticar atividade física protege contra o câncer de mama e aumenta o tempo de sobrevida das mulheres que tiveram ou têm a doença. A atividade física regular reduz de 10% a 42% o risco de 26 tipos diferentes de câncer, entre eles o de mama. [11] Existem várias tentativas de explicar como é que isso acontece. A hipótese mais aceita é que as mulheres que praticam exercícios intensamente têm uma diminuição nos níveis de estrógeno, com níveis mais baixos de insulina e de secreção das substâncias inflamatórias (aquelas que, como vimos, também estão ligadas ao câncer de mama). [12]

O estrógeno está claramente relacionado com o risco de câncer de mama. Mulheres com níveis de estrógeno aumentados têm uma aceleração na multiplicação de células chamadas epiteliais, que, uma vez desreguladas, facilitam o crescimento do tumor. [13] Mulheres com câncer de mama que possuem mais receptores de estrógeno positivos têm risco aumentado de recorrência do tumor. [14,15] Com base nesse conhecimento sobre o estrógeno, alguns medicamentos para o tratamento contra o câncer de mama foram criados. Falaremos sobre isso adiante, no capítulo que trata de quimioterapia e hormonoterapia.

Resumindo: o exercício reduz a inflamação no corpo (o que, aliás, também é influenciado pela gordura), sendo que a inflamação tem papel importantíssimo no desenvolvimento e na progressão do câncer de mama. Vários marcadores de inflamação no corpo (citocinas e outras proteínas) encontram-se aumentados em pessoas obesas e com câncer. Os linfócitos T, que são células do sistema imune (de defesa) do corpo humano, também estão envolvidos com a resposta inflamatória do organismo, com a formação do câncer e com a eliminação das células cancerosas. O exercício, ao reduzir a inflamação, contribui para

manter afastado o risco de câncer de mama – além, claro, do efeito benéfico de reduzir o peso. Fazer exercício toda semana, no mínimo 150 minutos por semana, é uma recomendação da Organização Mundial de Saúde para se manter saudável e afastar várias doenças. [16]

> A saúde nunca foi prioridade para mim, porque eu achava que estava fazendo o suficiente: não fumava, não bebia, não fazia uso de nada que fosse prejudicial. Porém, estava sob um nível alto de estresse, trabalhando muito, e a única coisa que me interessava era atingir o meu objetivo: tornar-me uma executiva de alta performance, de sucesso. Trabalhava 15 horas por dia, e até de final de semana. Eu me separei do meu primeiro marido também por isso. Esse objetivo era muito forte dentro de mim.
>
> R.A., 36 anos, executiva

Enquanto o baixo ou moderado consumo de alguns tipos de bebida tem efeito benéfico na saúde, o excesso de álcool é prejudicial no que diz respeito ao câncer de mama. Beber demais provoca excesso de espécies reativas de oxigênio, levando à inflamação e, consequentemente, à formação do câncer. [17] Alto consumo de álcool já foi relacionado com maior recorrência do câncer de mama, ou seja, o risco de a doença voltar depois de tratada. Enquanto os pesquisadores não entendem melhor questões como dosagens e mecanismo de ação, convém consumir pouco ou nenhum álcool, até porque, existem dados que mostram que mesmo o consumo pequeno de álcool aumenta o risco de desenvolvimento de câncer de mama quando comparado com abstêmios. [18]

Outros fatores que a ciência ainda está estudando como possivelmente ligados à prevenção ou à piora do câncer de mama são sono – privar-se de sono também leva à inflamação –, consumo de alguns tipos de gordura, suplementação de vitamina D, fitoestrógenos e folato. Porém, ainda será necessária muita pesquisa para esclarecer como eles participam da formação ou da prevenção da doença. [19,20,21,22]

> O álcool aumenta o risco de diversos tipos de câncer, como cabeça e pescoço, mama, esôfago, fígado e colorretal. Segundo a Associação Americana de Oncologia Clínica, o risco de câncer aumenta com ingestões acima de 1 drink ao dia para mulheres (1 drink equivale a 341 ml de cerveja ou 142 ml de vinho).

Perguntei a mim mesma onde eu tinha errado: estava com 37 anos, tive meus dois filhos de parto normal, amamentei os dois, fazia exercícios cinco vezes por semana, durante duas horas. Alimento-me com arroz integral, pão integral, ricota, além de só comer grelhados, tomar leite sem lactose, não ingerir doce, beber pouco, não fumar, então, onde foi que errei? Faço tudo o que é necessário, e onde foi que errei?

K.L., 38 anos, empresária

Enquanto isso, o que se sabe é que alguns mitos precisam ser derrubados: o uso de alguns tipos de desodorantes, de sutiãs, de implantes mamários (próteses) ou histórico de aborto não provocam câncer de mama; não existe nenhuma comprovação desses boatos espalhados pela internet. [23,24,25]

Quem quer se proteger hoje pode e deve, com certeza, parar de fumar, controlar o peso e fazer exercícios físicos. E, ainda assim, há fatores genéticos que ultrapassam todos esses cuidados. Além do mais, as mulheres que se cuidam, e mesmo assim têm câncer de mama, não devem se sentir culpadas.

Não existe um alimento "mágico" que, sozinho, previna ou combata o câncer. Porém, adotar um padrão alimentar mais saudável e balanceado, combinado com atividade física e controle do peso, pode, sim, ser um meio de prevenir o aparecimento de câncer.

Ouço muito no consultório essa expressão de angústia: "Será que eu fiz esse câncer?", e logo corto esse assunto. Pois estamos muito aquém de saber o que produz o câncer. Não dá para a pessoa, além de estar vivendo toda essa situação, achar que produziu um câncer.

JMC, 58 anos, terapeuta

5 O choque da notícia

Vamos concordar: o câncer de mama é uma das doenças mais assustadoras para as mulheres (se não a mais temida de todas), e geralmente tida como uma doença grave, mortal. Todo mundo já conheceu ou ouviu falar de alguém que faleceu de câncer de mama, principalmente em décadas passadas, quando era mais difícil sobreviver após enfrentar esse tipo de doença. [1] É impossível ficar indiferente ou impassível a partir de quando se suspeita de um nódulo mamário até o momento do resultado da biópsia: são horas, dias, semanas até de expectativa, nervosismo, frio na barriga, um medo tão real que parece caminhar conosco por todo lugar e a todo tempo. Tornam-se ainda mais complicados esses momentos, quando não temos ou não podemos compartilhar nossos sentimentos com pessoas próximas e a quem amamos. Mas não precisa ser assim sempre.

Quando olho para trás, vejo que o processo pode ser muito traumático para qualquer pessoa, porque é doloroso e, além disso, você sabe que pode morrer. Mas sempre lidei com isso com muito otimismo, independentemente de religião. Acreditava que tudo ia dar certo, tinha essa crença.

S.M.C., 46 anos, mercado financeiro

> *O diagnóstico de uma doença como o câncer frequentemente leva a sofrimento emocional. Dividir, compartilhar esse sofrimento com alguém em quem você tem confiança pode ajudar a lidar com a situação. O profissional ideal para isso é o psicólogo, mas é fundamental que seja uma pessoa de quem você goste, com quem tenha empatia, em quem confie.*

Como vimos, muitos dos nódulos ou lesões de mama podem ser benignos. E, mesmo para os casos de malignidade, já existe tratamento capaz de levar à remissão da doença na maioria dos casos – isso mesmo: maioria! –, principalmente quando o diagnóstico é feito nas fases iniciais. Dessa forma, o importante é lembrar que o câncer de mama não é mais sinônimo de morte. [2]

Mesmo assim, a notícia do diagnóstico de um câncer de mama é devastadora e causa grande impacto emocional. Essa situação mobiliza, além da própria paciente, todos os membros da família, que passam a se envolver com os tratamentos e cuidados. Costumamos dizer que o diagnóstico de câncer é um diagnóstico da família, pois, via de regra, todos os membros do núcleo familiar são afetados. O câncer de mama modifica a vida de todos na família, de tal forma que existem diretrizes de manejo familiar durante o tratamento da paciente. Uma vez que pensamentos como: "Se aconteceu com minha irmã, será que não pode acontecer comigo também?" ou "Será que meu risco é maior, uma vez que minha mãe teve câncer de mama?", geralmente, ocorrem entre os membros da família, é inegável a necessidade de uma abordagem adequada desses familiares. [3]

No entanto, essas situações podem não ser, necessariamente, negativas ou conflituosas. Muitas vezes, um evento como o de uma doença é uma oportunidade para que as pessoas se unam, oferecendo auxílio, compreensão e maneiras diferentes de enfrentar o problema. Uma forma adequada e resiliente de enfrentar o diagnóstico é entender os reais riscos e objetivos do tratamento e aproveitar a oportunidade de transformar relacionamentos ou, então, parar para pensar em

> *Não tive esse pensamento de "por que comigo?", como é comum em algumas mulheres. Ao contrário, pensei: "Nossa, faz sentido..." porque eu era estressada e não conseguia sair do círculo..., e sentia até certo agradecimento por ter tido o câncer. Foi uma "virada de mesa" mesmo. Comecei a enxergar isso, conforme fui melhorando.*
>
> K.L., 38 anos, empresária

decisões de vida importantes. Com amor é possível ajudar a pessoa no enfrentamento dos tratamentos e de seus efeitos colaterais. Depois do vendaval, certamente todos que vivenciaram o processo passam a ver a vida de modo diferente. [4]

O processo diagnóstico (a palpação, os exames de imagem, a biópsia e a confirmação) pode ser demorado para quem está passando por essa situação. Os dias podem parecer meses e as semanas, anos. Nesses momentos, é preciso entender que a certeza do diagnóstico tem de ser muito grande. Os detalhes do diagnóstico interferem diretamente no caminho a seguir e nos resultados que poderão ser alcançados. Paciência, apoio dos entes queridos, um bom diálogo com o médico e esclarecimento de todas as dúvidas, por mais bobas que possam ser, são atitudes que ajudam a atravessar esse tempo de vendaval emocional.

Um dos aspectos mais importantes do diagnóstico compreende não somente o exame clínico, de imagem e os diagnósticos, mas também *uma boa análise da história pessoal e familiar da paciente*. Sabemos que cerca de 5-10% dos casos de câncer têm origem em herança genética e geralmente estão associados ao

55

diagnóstico de câncer de mama em idade jovem ou a um histórico familiar de vários casos de câncer em gerações da mesma família, seja do lado paterno ou materno. Esse aspecto tem impacto não só para o tratamento da paciente, mas também para a família toda, como mencionamos antes. [5,6]

Para essa paciente, torna-se necessária a realização de avaliação genética ampla, através de exame de sangue ou da saliva, e tendo por base a opinião de um oncogeneticista. O resultado poderá mostrar a presença de herança genética relevante para a incidência de câncer nessa família e se pode haver implicações para a paciente, como risco aumentado de outros tipos de tumor. [7] Essas pacientes também podem ter necessidade de cirurgias profiláticas ou realização de outros exames de rotina para detecção precoce de outros tipos de câncer. Um exemplo disso foi o famoso caso da atriz Angelina Jolie, há alguns anos. Um outro impacto na história dessas pacientes é o de aconselhamento genético da própria paciente e de familiares que podem estar sob maior risco. [8]

Fiz uma biópsia e ficava diariamente indo ao laboratório, acessando a internet... superansiosa. Até que um dia, uma hora antes do deadline, saiu o resultado e eu sabia que, se estivesse escrito "carcinoma", seria câncer. E estava escrito "carcinoma".

K.L., 38 anos, empresária

Uma vez concluído o diagnóstico, é a hora de absorver o choque da notícia. "Por que eu?" é uma pergunta que surge muito regularmente – mas que não ajuda em nada. Tanto a natureza quanto as mais variadas filosofias espirituais e religiosas têm muitas explicações possíveis para essa pergunta. A ciência moderna ainda não transpôs a fronteira entre o transcendente e o conhecido no que tange à pergunta: "por que eu?". Nossa melhor explicação é relegar esse acontecimento ao acaso. A esfera humana, por outro lado, consegue responder essa pergunta da maneira mais sublime e menos intencional, levando a um conforto próprio que só a inteligência humana, diante do que ainda é imponderável para nós, pode proporcionar. A beleza e a ciência de atingir esse conforto ajuda muito nos desafios que o tratamento impõe. [9] O comprometimento com o esquema de tratamento, o manejo dos efeitos colaterais, o enfrentamento das questões psicoemocionais impostas pela ideia da finitude próxima, são todas facetas da necessária atuação do paciente, da família e da equipe médica e multiprofissional. Esse complexo processo tem suas pedras no caminho, que são totalmente transponí-

> *Pensar e ter medo da morte é muito comum, ao se receber a notícia de que se tem câncer. Quando se trata de algo desconhecido, a imaginação pode aumentar ainda mais o medo. Por isso, é importante conversar com o seu médico para esclarecer suas incertezas e seus receios. Ele pode ajudá-la a entender o que pode ser feito, tirando todas as dúvidas. Falar sobre o assunto com pessoas em quem você confia também pode contribuir para diminuir o medo.*

> *Você pode trocar ideias com seu médico sobre suas dúvidas e suas preocupações e, também, sobre coisas que ouviu falar, para saber se é mito ou realidade. Precisamos sempre checar as informações, pois, muitas vezes, não vêm de fontes fidedignas e não podem ser levadas a sério.*
>
> C.A., 45 anos, advogada

veis, quando se faz a coisa de maneira adequada, comprometida e clara. Quando as estruturas física e metafísica do indivíduo estão alinhadas e trabalhando em conjunto, o resultado costuma ser satisfatório e os efeitos colaterais, mais bem tolerados. [10]

Qual – ou quais – médico(s)?

Desde o momento de desconfiança de um nódulo mamário ou mesmo quando se vai fazer uma mamografia de rotina, entra-se em contato com diferentes profissionais de saúde, com os quais é preciso lidar ao longo de todo o processo, direta ou indiretamente. Alguns deles são mais acolhedores, claros nas explicação, mais pacientes, enquanto outros são menos delicados, mais frios, tecnicistas, pragmáticos, mas, nem por isso, menos competentes.

Em primeiro lugar, um técnico especializado na realização da mamografia – geralmente, uma mulher – tem de ajudar a paciente na hora de fazer o exame, pois, quanto mais eficiente for esse exame, maior a capacidade de o médico enxergar e distinguir a lesão ou o nódulo. A colaboração durante esse exame, mesmo com todo o medo envolvido, é de extrema importância.

Em seguida, o médico radiologista vai fazer a leitura das imagens: esse profissional é um médico especializado em imagem e é treinado para distinguir com maior grau de precisão exatamente o perfil de lesões que tenham características malignas ou benignas, classificando cada lesão e orientando o mastologista para a necessidade ou não de prosseguir com exames de investigação. Ele classifica a lesão com base em tamanho, local e características (às vezes levando em consideração exames anteriores), para ajudar da melhor forma possível o outro profissional que pediu o exame. [11]

O médico mastologista vai realizar o exame físico das mamas e da paciente, pedirá exames de sangue completos e determinará quais outros exames de imagem serão necessários para, posteriormente, estabelecer se há necessidade de cirurgia, e, caso haja, qual a melhor abordagem cirúrgica para aquela paciente.

O oncologista clínico fará uma avaliação para determinar a melhor abordagem terapêutica global: quimioterapia antes ou depois da cirurgia? Há necessidade de quimioterapia? Qual risco de recorrência da doença ou de formação de metástases? A paciente aguentará a quimioterapia? Qual a melhor droga a ser usada no caso de cada paciente? A melhor abordagem sempre será decidida após conversa e discussão entre todos esses profissionais. Cada decisão deverá ser individualizada, de acordo com o perfil de cada paciente. Dessa forma, podemos notar que um problema tão complexo também exigirá decisões complexas, muitas vezes alcançadas por equipes multidisciplinares, com vários profissionais de cada área.

Nesse momento, diante da ameaça à nossa frente, somos programados em nosso DNA a ter dois tipos de resposta: ou enfrentamos, ou fugimos. De nosso mais profundo córtex cerebral vem essa resposta, que é tão importante para nossa evolução como espécie. Sabemos que a paralisação das ações nesse momento pode ser extremamente deletéria, uma vez que o câncer não vai parar de crescer e de dar continuidade a seu processo de progressão. Respostas típicas desse momento e que revelam a paralisação das pessoas são: consumo abusivo de álcool ou de drogas ilícitas, propostas de tratamentos alternativos que fazem interromper ou atrasar o tratamento principal, manter-se exageradamente ligada ao trabalho, alimentação inadequada. Tais respostas podem levar a certo alívio emocional em um primeiro momento, mas o custo desse alívio pode ser a própria chance de cura da doença. [10] Por outro lado, a estratégia de enfrentamento pode trazer certos desconfortos emocionais imediatos, mas aumenta sobremaneira as chances de cura de cada pessoa. Enfrentar uma doença como o câncer não significa solidão. Contar com apoio de amigos, familiares, atividades laborativas leves, e até ajuda especializada, é fundamental para passar por essa fase de maneira assertiva e adequada. Técnicas de relaxamento, aprofundamento da espiritualidade, são medidas muito importantes para lidar com todo o peso emocional do diagnóstico. Além disso, esclarecer todas as dúvidas com o médico ajuda a compreender a dimensão real do problema a ser enfrentado, bem como os recursos que serão utilizados para resolvê-lo. [10]

> Quase troquei de oncologista no meio do tratamento. Eu tive um "treco" com ele: as minhas dúvidas não eram respondidas, ele dava risada, achava que eu era neurótica, chorona. Depois, acabei de certa forma aceitando que a medicina hoje em dia ainda é assim, e resolvi que mais adiante, quando for só para fazer controle, procurarei uma pessoa mais humanizada. (...) Gostaria que os médicos ouvissem mais os pacientes e entendessem que cada um tem uma necessidade própria e que, dentro do possível, eles pudessem se mostrar mais acessíveis. Ainda que o médico não consiga resolver todas as questões, ele pode se mostrar aberto a ouvir, a responder com calma, a dar detalhes, demonstrando maior respeito. Faltou muito respeito no meu processo como paciente. Fiquei à deriva.
>
> K.L., 38 anos, empresária

"Uma amiga estava comigo naquele momento. Eu me olhava e pensava em como ia encarar meu marido. Achava que ele ia desistir de mim, ia me largar, que minha filha iria assustar-se no momento em que eu contasse para ela. Eu só pensava nisso...

(...) Saí de lá bonita, com uma peruca maravilhosa, maquiada. Na saída, bem-vestida e maquiada, com óculos escuros, passou um carro e o motorista me paquerou. Imagine se ele soubesse que estou careca e toda retalhada?! Mas aquilo foi bom.

Liguei para o meu marido e avisei que estava careca. Ele foi para casa mais cedo e, ao me olhar, imaginou, claro, que ia me ver sem cabelos, mas eu, na verdade, estava toda arrumada. Foi legal esse momento.

R.A., 36 anos, executiva

Boa parte do choque da notícia pode acontecer pelo medo de perder a mama inteira, o medo da mutilação. A chamada *mastectomia* (retirada completa da mama) é temida porque a mama tem um significado muito grande na sexualidade e na identificação da feminilidade da mulher. Ela tem também um papel muito importante na função materna, sendo indispensável no processo de amamentar, que é prerrogativa das mães. Por isso, no momento do diagnóstico, é preciso primeiro entender a necessidade de qualquer tipo de cirurgia: muitas vezes, a retirada do nódulo é suficiente, sem que a mama inteira precise ser extirpada; em outras, apenas um quadrante é extraído, e assim por diante. Há cirurgias de vários tipos (como vamos ver nos próximos capítulos), e nem todas são mutilantes. E, mesmo nos casos em que seja necessária a retirada da mama inteira, hoje já existem alternativas de reconstrução bastante interessantes, com colocação de próteses ou uso de retalhos autólogos (doados de outra área do próprio corpo, por

> Preocupar-se com a sua família, especialmente os filhos pequenos, é muito natural. Como contar a eles, o que vão pensar? Com crianças pequenas, o ideal é responder apenas ao que elas perguntarem e da forma mais simples possível. Se não souber o que dizer, seja sincera e diga que neste momento não tem uma resposta, que vai informar-se com seu médico. Elas são capazes de compreender que não sabemos todas as respostas!

exemplo, do abdômen ou das costas) que tornam o aspecto final bem natural e ajudam muito a manter e assegurar a identificação feminina de cada paciente. [12]

Não podemos esquecer que qualquer cirurgia, mesmo da mama, ainda que pequena, vai envolver certa quantidade de dor no pós-operatório. Assim, toda ajuda da família ou de amigos é bem-vinda no momento de retornar para casa, pois carregar peso, mexer os braços, tarefas simples do dia a dia, podem ficar mais difíceis, além do que a mulher se sente amparada se tiver com quem contar. A família precisa se reorganizar para poder oferecer esse apoio. Pedir ajuda é essencial: falar abertamente é importante. [13]

O medo pode surgir também por conta da quimioterapia ou radioterapia, principalmente para pessoas que tiveram familiares que fizeram esse tratamento anteriormente. Hoje, enfrentar um tratamento quimioterápico é bem menos complicado do que décadas atrás, pois há muito mais recursos disponíveis para contornar os efeitos colaterais, como náuseas, cansaço e até queda de cabelo. [14] O apoio familiar pode vir não só na forma de compreensão e carinho, mas também na hora de pre-

> *Meu marido acompanhou do jeito que de pôde... não reclamou do corpo, da mama, da falta de pelos...*
>
> M.C.J., 45 anos, engenheira

parar alimentos com melhor aceitação por parte do paciente, por exemplo. A participação nas consultas médicas pode ajudar a planejar melhor esse suporte. [15]

O que os pesquisadores sabem hoje a respeito do enfrentamento do câncer de mama é que o isolamento – quando ambos os cônjuges tentam vivenciar o problema sozinhos – tende a tornar o tratamento mais difícil para todos. Por outro lado, nos casais ou famílias em que existe diálogo mais aberto, em que todos podem expressar o que estão sentindo, fica mais fácil enfrentar a doença e os relacionamentos se fortalecem. Em outras palavras: falar mais, compartilhar mais, isolar-se menos são a chave para lidar com a doença de forma equilibrada. [10]

Estava maravilhada de não ter feito mastectomia. Eu dizia que tinha o pecado da vaidade, que Deus estava me castigando porque era muito, muito vaidosa, e que ia ficar mutilada para deixar de ser tão, tão, tão vaidosa. Dizia a mim mesma que deveria aprender alguma coisa com aquilo. Mas, não mudei nada, continuo vaidosíssima.

Meu marido disse que meu cabelo ia cair. E meu cabelo era loiro, na altura da cintura, lindo, lindo, lindo. Comprei uma peruca, igualzinha a meu cabelo natural, mas não me adaptei a ela, sentia muito calor, então, acabei usando uma sintética, curtinha e ruiva.

M.H., 38 anos, empresária

Da mesma maneira, sair do consultório médico com dúvidas não respondidas é uma receita fácil para a criação de problemas. Se há perguntas, refaça-as até saná-las. O médico deve estar disposto a explicar o que for necessário. Por outro lado, não esconda informações: o relacionamento franco com o seu médico pode fazer muita diferença entre o sucesso e o fracasso do tratamento. Esconder doenças ou tratamentos anteriores, hábitos (alimentares ou outros), medicamentos que estão sendo usados ou drogas, situações familiares que impeçam de cumprir um tratamento à risca, tudo isso pode comprometer os resultados. A franqueza com os profissionais de saúde é mesmo essencial. Faça todas as perguntas e responda a todas com sinceridade. [16]

> A decisão de para quem contar é bem pessoal. Algumas pessoas preferem ser discretas e não comentar com ninguém de fora da família. Outras compartilham suas experiências em redes sociais. De qualquer forma, durante a fase do tratamento, precisará de ajuda, força, apoio e é importante saber com quem poderá contar, tanto pessoalmente quanto por mensagens ou telefone.

> *O que me incomodava muito era a comoção. Eu detestava a reação das pessoas. Queria ser tratada como uma pessoa normal, que tivesse quebrado o pé, que tivesse diabetes – aliás, diabetes é pior que câncer!*
>
> H.M., 56 anos, empresária

> *Aconteceu, pronto. Temos que lidar com isso, paciência, não há como evitar. Quando enfrentam um grande trauma, as pessoas podem enxergar o copo meio cheio ou completamente vazio. Se você encara a batalha olhando o copo vazio, a chance de sair dessa batalha é pequena. Prefiro dizer que o câncer de mama é sim horrível, mas que não é o fim do mundo. O fim do mundo é não ter esperança.*
>
> S.M.C., 46 anos, mercado financeiro

Tipos de câncer e chances de cura

Antigamente, dizia-se que "o câncer" era uma doença terrível. Hoje, não podemos mais utilizar essa forma de expressão, porque existe uma infinidade de tipos de câncer, doenças bem diferentes conhecidas pelo nome popular de "câncer". E também não podemos falar de "um câncer de mama", pois a evolução da ciência e da medicina permitiu que vários tipos de câncer de mama fossem identificados e reconhecidos, e cada um tem uma evolução clínica (ou seja, a forma como vai se desenvolver) diferente e uma nuance diversa que ajuda em seu entendimento e no modo de abordar e delinear o tratamento. [1]

Alguns tipos de câncer de mama avançam rapidamente, sendo mais agressivos (ainda bem que estes são minoria!). Outros demoram mais a se desenvolver, são indolentes, dando a chance de serem eliminados mais facilmente. Embora cada paciente seja diferente, conseguimos agrupar os tumores com base em sua classificação anatômica e molecular. Saber qual é o tipo de câncer de mama de uma paciente irá ajudar a prever o que aconteceria com ela se não houvesse tratamento; consequentemente, o médico consegue antever medidas para evitar complicações que tenham alta chance de acontecer no futuro. [2,3]

Entre a identificação de uma lesão e o diagnóstico final pode se passar algum tempo, até que o médico possa reunir as informações necessárias para compreender totalmente o caso. É assim que o médico vai poder definir qual é o *prognóstico*.

Prognóstico
É a previsão que os médicos fazem sobre a evolução da doença e a possibilidade de cura ou sobrevivência (ou "sobrevida"). O prognóstico inclui a expectativa de duração da doença, o tempo que vai demorar para a melhora ou para a cura, a possibilidade de crises ou de recorrência (quando a doença volta). [4]

Para calcular o prognóstico, o médico leva em consideração várias coisas: o tipo da doença, a idade do paciente, as possibilidades de tratamento disponíveis para aquele caso e, claro, um histórico de como o paciente vem reagindo e como a população geralmente reage. Ou seja, para calcular as chances de um paciente sobreviver ao câncer, o médico observa as características do tumor e também do doente e do ambiente onde ele vive. [4,5]

Como toda previsão de futuro, o prognóstico também é incerto, impreciso. Mas os médicos fazem o melhor para tentar acertar, porque a decisão sobre escolher um ou outro tratamento também se baseia no prognóstico. Por exemplo: uma mulher jovem com câncer de mama inicial e diagnosticado precocemente tem mais chances de cura com uma cirurgia, ou com cirurgia mais radioterapia, enquanto submeter a um tratamento agressivo (como a quimioterapia) uma mulher que já teve outros tumores, que é mais velha e tem outras doenças, pode não ser uma boa ideia. [4]

A previsão, o prognóstico que é calculado para uma mulher, em determinado momento, pode não se realizar. Isso acontece em parte porque algumas pessoas, por muitos motivos, conseguem ter uma recuperação melhor ou pior que outras, e também porque, ao longo do tempo, o tratamento contra o câncer vem evoluindo. Para se ter uma ideia, se uma mulher recebesse um diagnóstico de câncer de mama avançado (falaremos sobre estágios adiante) entre 1995 e 2002, ela teria 8% mais chance de sobreviver do que se tivesse recebido esse diagnóstico entre 1985 e 1994. No Brasil especificamente, de 2000 a 2009, a taxa de sobrevida aumentou de 78% para 97%. Ou seja, as chances aumentaram bastante de uma década para outra e mais ainda recentemente. [6,7]

O que o médico vai verificar, em primeiro lugar, é o laudo (o relatório) que o radiologista fez do exame de imagem, seja uma mamografia ou ultrassonografia. No mundo todo, esse laudo é padronizado em categorias de um sistema chamado BI-RADS. A paciente com uma lesão de mama e sua família vão ouvir falar dessa classificação em algum momento, e é interessante entender o que ela significa. Veja a seguir as categorias BI-RADS (mas não se preocupe muito com elas!). [8]

Depois do exame de imagem, se o médico achar necessário, vai solicitar que seja retirado um pequeno fragmento da lesão, conforme explicado no terceiro capítulo. O laudo da biópsia também vai encaixar a paciente numa categoria. Tantas "etiquetas" têm a função de compreender melhor como o tumor vai se desenvolver e quais as melhores armas para acabar com ele. Se a paciente entende melhor quais são as batalhas e os arsenais disponíveis, poderá participar mais da decisão.

Entendendo o exame de imagem e a categoria BI-RADS

BI-RADS é um sistema que foi criado pelo Colégio Americano de Radiologia para o exame de mamografia, mas que, depois, também foi adaptado para exames de ultrassonografia e ressonância magnética. BI-RADS é uma sigla que vem de "Breast Imaging Reporting and Data System", ou seja, "sistema de dados e relatório de exames de imagem da mama". Em outras palavras: é um esquema de classificação de imagens da mama. O sistema foi criado basicamente para auxiliar na comunicação entre o radiologista que fez o exame e o mastologista que vai tratar da paciente, evitando confusões. É como se o sistema fizesse com que todos falassem a mesma língua ao se referirem a um ou outro tipo de lesão. O BI-RADS pode ser um pouco estranho e confuso para a paciente, mas tem importância na medicina, pois ajuda a calcular melhor as estatísticas e, portanto, o prognóstico de cada caso. [8]

As categorias básicas do BI-RADS, que a paciente pode ver no seu laudo de mamografia, são:

- 0 – Incompleto, ou seja, não foi possível fazer uma boa imagem da mama e o exame precisa ser repetido (este laudo será modificado no segundo exame);
- 1 ou I – não há lesão na mama, ou seja, mama totalmente saudável, sem massas, calcificações ou anormalidades;
- 2 ou II – achados benignos, ou seja, o radiologista viu uma ou mais lesões na imagem, mas parece que elas são de lesões benignas, que não têm a ver com câncer. Por exemplo, pode ser somente um cisto ou uma calcificação, ou ainda uma massa de gordura;
- 3 ou III – provavelmente benigno: neste caso, também aparecem algumas lesões "com cara" de benignas, mas vai ser preciso examinar melhor em breve para ter certeza;
- 4 ou IV – suspeita de anormalidade: neste caso, há uma lesão que o médico suspeita que pode ou não ser um tumor e isso precisa ser verificado com outros exames;

5 ou V – altamente suspeito de malignidade, ou seja, a aparência da lesão ou lesões é de algo que está se comportando como um tumor maligno, e isso precisa ser investigado imediatamente;

6 ou VI – esta é a imagem de um tumor que já foi submetido a biópsia e que é comprovadamente maligno. [8]

As mulheres que recebem laudos com categorias BI-RADS 1 ou 2 – aliás, a grande maioria das mulheres – não precisam preocupar-se. Até 10% das mulheres, no entanto, vão receber laudos com BI-RADS 3, 4 ou 5. As mulheres com mamografias BI-RADS 3 provavelmente receberão, de seus médicos, a recomendação de realizar mais exames de imagem com maior frequência, ou seja, com intervalos menores entre um e outro exame (por exemplo, a cada seis meses), para verificar se a lesão se modifica com o tempo. BI-RADS 3 não exige biópsia imediata. É importante manter a tranquilidade e não se preocupar até o próximo exame, tendo conhecimento de que é seguro esperar. A chance de uma mulher com BI-RADS 3 ter um diagnóstico de câncer de mama é de menos de 2%. E é possível também que, em exames subsequentes, a categoria seja modificada para 2. [8]

Já as pacientes que recebem uma categoria 4 precisam necessariamente de biópsia. Estas têm chance de um diagnóstico de câncer de mama de cerca de 30% em média – reparar bem que há ainda 70% de chance de não ser câncer! O risco aumenta com a categoria 5: neste caso, a chance de ser câncer é de 95%.

A categoria 4 foi recentemente subdividida em 4A, 4B, 4C, sendo que, na 4C, a probabilidade de câncer é maior do que nas outras. No entanto, os detalhes sobre o que significa cada uma não importam muito para a paciente, que terá de se submeter à biópsia de qualquer maneira: essa subcategorização importa mais para o médico que vai fazer a biópsia e o tratamento. [8]

A categoria 5 requer biópsia imediatamente, porque o risco de a lesão ser maligna é grande. Atenção: um laudo indicando BI-RADS 5 não é uma sentença de morte: mais de 80% dos casos de câncer de mama são curados! Porém, para serem curados, precisam ser tratados e, para isso, como vimos, precisam ter um diagnóstico correto. Por isso, pacientes com imagens típicas de microcalcificações, tumores com contornos irregulares e determinados formatos específicos, que recebem o laudo com categoria 5, requerem "ser biopsiadas", como os médicos costumam dizer. [8]

A categoria 6 geralmente está presente no laudo de mulheres que já tiveram diagnóstico confirmado pela biópsia e que estão fazendo um segundo exame depois ou durante o tratamento. Uma vez recebida essa categoria para uma mama, ela permanece como 6 para sempre. [8]

BI-RADS
O laudo não serve como diagnóstico final, mas somente para melhorar a comunicação entre os médicos, para que eles se entendam bem a respeito do aspecto das lesões vistas no exame.

As pacientes precisam conversar com seus médicos a respeito do que significa a categoria indicada em seu exame e qual a visão deles sobre a imagem. Afinal, não se trata ainda de um diagnóstico definitivo, que só a biópsia poderá dar. [8]

Entendendo o laudo da biópsia e a história do tumor

A paciente que foi submetida à biópsia da mama, seja por agulha fina, *core biopsy* ou mamotomia (como explicado no capítulo 3), vai ter a amostra retirada enviada ao patologista, que vai examinar o aspecto das células e da organização do tecido. O patologista vai se comunicar com o seu médico por meio de um relatório chamado "laudo de patologia", que se baseia num sistema de categorias – assim como o BI-RADS serve para as imagens. [9]

O laudo do patologista revela qual é o tipo de tumor. Ele traz também uma informação adicional: o resultado de um exame chamado de imunoistoquímica. O laudo da biópsia mostra ao médico quais são as características das células do tumor e dá uma ideia do quanto elas são agressivas. Isso ajuda o médico no planejamento estratégico do tratamento. [10]

Imunoistoquímica
É um método laboratorial que mostra ao patologista a presença de determinadas proteínas em diferentes partes da célula. Esse mapeamento revela alguns acontecimentos importantes, como a velocidade de proliferação ou a morte das células. [11]

A classificação de um tumor é feita por um sistema chamado "TNM", reconhecido no mundo todo. O sistema TNM traça a extensão do câncer e, com base nisso, descreve o aspecto físico do tumor. Além de facilitar a comunicação entre os médicos, ele ajuda a planejar o tratamento e estabelecer o prognóstico. Embora muitos outros fatores possam interferir no prognóstico (por exemplo, a idade), os principais são realmente o tamanho do tumor, o acometimento dos linfonodos e as metástases. Isso, na verdade, representa a história natural dos tumores: eles nascem, crescem, invadem tecidos próximos, invadem os linfonodos (que, no caso da mama, estão nas axilas) e depois, se não forem tratados, se espalham pelo resto do corpo, criando metástases a distância. [3]

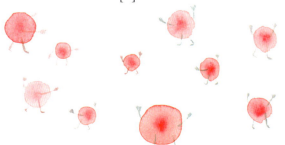

> **Metástase**
> É um acontecimento muito importante no câncer, porque é o que diferencia um caso inicial de um caso avançado. Metástase é quando células se desprendem do tumor inicial (que os médicos chamam de "primário") e são lançadas para outras partes do corpo, possibilitando o crescimento de outros tumores, em outros lugares. Por exemplo, a partir de um tumor inicial de mama, podem surgir tumores (do mesmo tipo) no cérebro, pulmão, fígado e outros órgãos. Isso significa que a doença avançou, tornou-se mais grave, e as possibilidades de cura diminuem. É por isso que os médicos tentam identificar e tratar os tumores o mais cedo possível: para que eles não se "reproduzam", lançando metástases a distância! [3]

No sistema TNM, o "T" significa tumor, o "N" significa "node" ou linfonodo e o "M" significa metástase, um sinal de que o câncer está avançado. A classificação da parte "T", portanto, vai de T1 a T4 e indica o tamanho e a extensão do tumor inicial. O N, que pode ser 0 ou 1, indica se o linfonodo da axila (no caso do câncer da mama) foi ou não atingido. E o M do laudo indica se há ou não metástases. [3]

O médico que cuida de cada paciente é quem pode explicar melhor o resultado da biópsia, mas, apenas para que se possa ter uma ideia do que representa o TNM, podemos dizer que T1 representa um tumor de menos de 2 cm, enquanto T2 é um tumor de 2 cm a 5 cm. No caso de tumores de mama, T4 representa tumores grandes, já envolvendo o tórax ou a pele. [3]

No caso dos linfonodos, N0 é uma boa notícia: significa que a axila ainda não foi atingida pelo tumor. N1 quer dizer que um dos três linfonodos da axila ou um linfonodo dentro da mama foi atingido. N3 indica uma disseminação maior de tumores em vários outros linfonodos mais distantes. Na categoria M, M0 indica que não há metástase a distância, e M1 que sim, há metástases. [3]

O "estadiamento" ou classificação TNM se compõe de uma combinação dessas três partes. Um resultado "estádio 0" significa que o tumor inicial é um "carcinoma *in situ*", ou seja, que fica no mesmo lugar e ainda não invadiu tecidos vizinhos. O estágio I indica "T1N0M0", ou seja, significa que há um T1 (tumor de até 2 cm), sem linfonodos atingidos ou metástases. E assim a classificação vai caminhando, até o estágio IV, quando há M1, ou seja, há metástase a distância (a pior situação). [3]

Estadiamento do tumor
É feito no momento do diagnóstico e não muda depois, com o tratamento. Uma paciente diagnosticada como de estágio II será sempre II, mesmo que o tratamento a livre da doença, pois o estágio se refere ao momento do diagnóstico.

Entendendo as chances de cura

Por que é importante entender o laudo da biópsia? Porque é a partir dele que o médico vai iniciar o cálculo do prognóstico. Como já dissemos, é claro que, especialmente no caso do câncer de mama, muitos fatores interferem no prognóstico, além do aspecto do tumor, do envolvimento dos linfonodos e das metástases. Por exemplo: o estado hormonal da paciente (se já passou pela menopausa ou não), a idade, a alimentação e o índice de massa corpórea, a prática de exercícios, alguns fatores genéticos e familiares e outros. Porém, o médico parte do TNM para fazer uma melhor previsão. [3,5,6,11]

Esse cálculo geralmente é feito com base em centenas de pesquisas científicas que verificaram por quanto tempo as mulheres com câncer de mama sobreviveram após terem seu diagnóstico. Esse tempo de sobrevivência é chamado de "sobrevida" ou "vida após o diagnóstico". A sobrevida das mulheres com câncer de mama varia conforme o estágio TNM que elas receberam no diagnóstico, sendo muito maior nos estágios iniciais e muito menor nos estágios avançados. Veja na Tabela 1, abaixo, que a maioria das mulheres sobrevive pelo menos durante cinco anos após o diagnóstico dos estágios 0 até IIB (nestes casos, o tumor tem menos de 5 cm e há somente um linfonodo atingido).

Tabela 1 – Taxa de sobrevida por estadiamento para câncer de mama [12] em cinco anos após o diagnóstico

Estágio	Mulheres que estão vivas cinco anos após o diagnóstico de câncer de mama
0	100%
I	98%
IIA	82%
IIB	70%
IIIA	50%
IIIB	32%
IV	5%

Outros fatores que interferem no prognóstico

Tipo de tumor

Os tumores de mama são, na maioria, carcinomas ductais, ou seja, que atingem o ducto mamário. No entanto, existem, menos frequentemente, outros tipos de tumores, por exemplo, carcinomas lobulares, tubulares, medulares etc., todos recebendo nomes conforme a sua origem ou seu aspecto. O tipo de célula do tumor interfere no prognóstico: no chamado "carcinoma *in situ*", quer dizer, que fica no mesmo lugar, as células do tumor estão restritas ao interior do "ducto" por onde passa o leite (após a gravidez), sem atingir nenhum outro tecido ao lado. Isso é uma boa notícia. Porém, se esse carcinoma começa a invadir tecidos vizinhos, significa que a doença já está tendendo a se espalhar e poderá entrar em contato com os vasos sanguíneos e linfáticos que passam por fora dos ductos. [13]

Margens cirúrgicas

O cirurgião, quando vai operar a mama, sempre retira o tumor e também uma pequena margem em volta do tumor. O patologista, na maioria das vezes, conforme indicação, examina na hora as células desse tecido da margem e diz se ele foi ou não afetado, de forma que o cirurgião possa identificar melhor o quanto a mama foi atingida. Assim, ele pode decidir sobre o melhor tratamento cirúrgico, retirando mais ou menos tecido da glândula mamária. Isso quer dizer que a extensão do acometimento das margens, que os médicos observam durante a cirurgia, também é um indicador dc como aquele tumor vai se comportar no futuro. [14]

Hormônios, HER e Ki 67

No tecido da mama normal há os hormônios estrógeno e progesterona circulando em diferentes níveis, conforme a época do ciclo menstrual, e que estimulam

> A espiritualidade e a religiosidade podem contribuir de forma positiva para a nossa saúde. Acreditar que vai dar certo, ter esperança, pensamentos positivos e fé pode colaborar no enfrentamento do diagnóstico e do tratamento e melhorar a qualidade de vida. Independentemente da sua religião ou crenças, se sente que rezar e pedir proteção faz bem a você, vá em frente. Mas é importante não deixar de fazer o tratamento indicado pelo médico.

mais ou menos o crescimento do tecido. As células possuem receptores para os hormônios: imagine esses receptores como uma fechadura aguardando a chegada da chave (hormônios). A medicina tem como examinar a quantidade de receptores de estrógeno e de progesterona que uma mulher tem nas células malignas quando presentes na mama. Essa característica individual vai dizer ao médico se vale ou não a pena investir num tratamento dirigido a esses receptores. Além da progesterona e principalmente do estrógeno, o médico vai também verificar o índice de proliferação celular (chamado Ki 67), que indica o quanto essas células malignas estão se proliferando localmente. Também é observada a presença do excesso de uma proteína específica, que fica na superfície das células, chamada "HER 2". [15]

Você vai entender tudo isso melhor no capítulo sobre tratamento. Por enquanto, o importante é lembrar que o "jeitão" dos receptores de hormônios, a presença em excesso ou não dessa proteína HER 2 e o índice de proliferação das células tumorais indicarão o comportamento, ou melhor, a agressividade das células. Isso auxiliará o mastologista e/ou o oncologista a identificar qual tratamento terá mais chance de sucesso.

7 Tratamento do câncer de mama

Este capítulo vai mostrar em linhas gerais como é feito o tratamento do câncer de mama e o que a medicina já conquistou nos últimos anos para eliminar a doença ou, quando isso é impossível, para prolongar a vida das pessoas com o menor sofrimento possível.

Aproveitei para ficar com peitos grandes. E foi divertido ir ao consultório, escolher tamanho, provar sutiã. Eu queria ficar com o peito bonito. Ele hoje é infinitamente mais bonito do que era antes. É um presente.

L.C., 36 anos, dona de casa

Vimos que o câncer de mama não é uma doença só: é um conjunto de condições diferentes, com possibilidades futuras diferentes. Ao descobrir isso, a medicina pôde direcionar tratamentos individualizados às pessoas e, assim, oferecer oportunidades para muito mais mulheres, por mais tempo, e com melhor qualidade de vida. O câncer, até poucos anos atrás, era conhecido como uma doença necessariamente mortal, e esse conceito se disseminou porque, de fato, as alternativas de tratamento eram escassas. Porém, ao se aprofundar não ao nível da célula, mas ao nível da molécula, a pesquisa abriu novas avenidas de tratamento que hoje estão disponíveis para todos. [1]

Pode parecer que os médicos estejam usando um enorme arsenal de conhecimento e técnicas somente para tratar um conjunto de células "defeituosas", o tumor. O tratamento para o câncer de mama envolve, sim, uma classificação bastante precisa de cada paciente, que inclui características do tumor e também as específicas da pessoa (a idade, se já entrou ou não na menopausa, se já teve outros tipos de câncer etc.). Porém, como vamos ver, hoje se considera ainda mais do que isso: além de sua história e estado físico, a medicina atual tenta colocar na balança o estado mental ou emocional da pessoa, seu papel na comunidade, suas expectativas. [1]

Nessa medicina hoje mais integrativa, pode ser que o médico abra uma discussão sobre o quanto se quer e se pode aumentar o tempo de vida, em face do quanto se quer fazer uso das armas que se têm disponíveis. *Grosso modo*, a medicina hoje tem poder de prolongar a vida das pessoas com câncer, mas o custo disso precisa ser levado em conta – tanto em termos financeiros como pessoal e de dedicação ao tratamento. [1] Isso porque, enquanto para algumas mulheres uma cirurgia simples resolve tudo, para outras podem ser necessários outros tratamentos, que são prolongados, e outros esforços. Por exemplo: livrar-se do câncer de mama pode exigir uma completa mudança de estilo de vida, com inclusão de exercícios, por exemplo. O quanto cada pessoa está disposta a promover em si mesma essa transformação é algo a ser avaliado individualmente. [1]

Medicina integrativa

É uma modalidade que pode ou deve acompanhar o tratamento convencional que se define, segundo o Integrative Medicine Consortium, como uma prática que reafirma a importância da relação entre o paciente e o profissional da saúde e que é focada na pessoa, no seu todo. É informada por evidências e faz uso de todas as abordagens terapêuticas e de estilo de vida adequadas, através de profissionais de saúde e disciplinas específicas, com a finalidade de obter o melhor da saúde e da cura (*health and healing*).

Esse diálogo franco precisa acontecer para facilitar a comunicação e o entendimento das necessidades da paciente e de todas as etapas de um tratamento muitas vezes complexo e longo. Poucos minutos não são suficientes para essa interação humana. Tempo e oportunidades de diálogo são indispensáveis para que não reste nenhuma dúvida. Portanto, pode ser que uma consulta somente não seja o bastante: é importante refletir com calma sobre o problema. Uma segunda consulta ajuda a resolver questões que ficaram em aberto.

De qualquer maneira, pode facilitar bastante o processo chegar à consulta já munida de informações gerais sobre cada condição e cada método de tratamento atualmente consagrado: é o que este capítulo propõe fazer. O profissional de saúde precisará estar disponível para ajudar a tomar decisões – algumas mais fáceis, outras que podem ser difíceis – sobre as opções de tratamento. [2]

Algo que também é importante considerar nessa relação médico-paciente (ou mesmo fisioterapeuta-paciente, nutricionista-paciente, enfim, equipe-

Autocuidado + autonomia = bem-estar.

A medicina integrativa reforça a parceria entre o profissional da saúde e o paciente, e estimula um estilo de vida saudável. Em conjunto com a medicina convencional, ela pode ajudar a controlar sintomas, aumentar a resiliência, a esperança e a qualidade de vida.

> *Autocuidado é a forma como a pessoa olha e se dedica a seu cuidado pessoal. Envolve atividade física, alimentação saudável, sono, contato com a natureza, espiritualidade, práticas para lidar com o estresse crônico, relacionamentos. Se precisar, peça ajuda da equipe que a está acompanhando.*

-paciente) é que todos precisam saber de tudo. A paciente precisa saber tudo o que quiser sobre sua doença e sobre as opções de tratamento, enquanto os profissionais de saúde precisam saber tudo sobre a pessoa que vai ser tratada, inclusive sobre outras terapias, medicamentos, substâncias que já estejam em uso, porque tudo pode influenciar, negativa ou positivamente, nos resultados. Até mesmo seus hábitos de sono podem interferir. [2]

O saber é uma virtude e uma bênção no que se refere ao tratamento do câncer. Porém, algo que pacientes e profissionais de saúde precisam reconhecer é que, ainda que a medicina tenha evoluído muito, há muita incerteza, e é preciso lidar com certo grau desse "não saber" ao longo de todo o percurso. Esse caminho em meio à neblina pode ser amedrontador, afinal de contas, nem pacientes nem médicos foram jamais ensinados a lidar com a incerteza. O que é necessário ter em mente sempre é que não existe nenhum tratamento sem risco ou sem efeito colateral, por mínimo que seja. Portanto, será preciso colocar na balança os riscos e os benefícios para tomar as decisões. [2]

E, para além do tratamento, deve-se pensar na prevenção. Para pacientes que venceram a batalha contra o câncer de mama, há ainda uma segunda batalha a vencer: a de prevenir que o câncer retorne ou mesmo de evitar o aparecimento de novos tipos de câncer. Mulheres com câncer de mama precisam colocar essa conversa em pauta com os profissionais de saúde: o que é possível fazer para melhorar as chances de que a doença não volte? Quais são as mudanças no estilo de vida (nutrição, exercícios, exposição a poluentes e cigarro) que podem ter efeito nesse risco? Qual a motivação, disposição e real condição que se tem de abraçar essas novas práticas? [2]

Cirurgia

A cirurgia é a base do tratamento para o câncer de mama a todas as mulheres que não têm doença metastática múltipla, ou seja, aquelas em que a doença ainda não se espalhou para além da mama, para outros órgãos e tecidos – e com o diagnóstico feito cada vez mais cedo, felizmente estas são a maioria. Todas essas mulheres sem metástases se beneficiam de cirurgia para extração do tumor (numa cirurgia que é chamada de "conservadora", pois preserva a mama e só retira o tumor) ou para retirada da mama inteira (a "mastectomia"), conforme o caso.

As mulheres que já tiveram o diagnóstico de lesões fora da mama, seja na área da axila, em outros gânglios ou em outros locais do corpo, se beneficiam inicialmente do tratamento que é chamado de "sistêmico", com quimioterapia e/ou hormonioterapia, para redução do tamanho do tumor. Isso facilita uma cirurgia posterior, que pode ser menor e com melhor resultado estético. [4]

> Quando uma mulher procura o médico pela primeira vez com um exame que mostra um tumor de mama, como ele poderá suspeitar de que a doença já se espalhou pelo corpo (metástase)? Alguns sinais e sintomas podem indicar essa investigação: perda de peso, dores intensas em alguma parte do corpo, tosse constante ou exames de imagem alterados, mostrando alguma lesão suspeita. Nesse caso, o médico poderá solicitar exames adicionais para poder entender melhor a doença e definir o estágio em que se encontra (os médicos chamam isso de "estadiar"). Isso vai permitir que seja decidido o melhor tratamento.

O cirurgião mastologista sempre vai raciocinar da seguinte maneira: equilibrar a segurança (não deixar sobrar células de tumor na mama) e a estética ou função. Isso significa realizar a cirurgia da forma mais segura possível, pensando em eliminar o câncer ao máximo, mas procurando proporcionar o menor dano físico e estético. Funciona mais ou menos assim: retira-se o tumor inteiro, com uma margem de segurança em volta (ou seja, um pouco de tecido sadio em volta do tumor). O nome disso é "segurança oncológica". O equilíbrio entre segurança oncológica e cosmética está sempre presente no planejamento da cirurgia. [5]

Basicamente, o mastologista pode fazer uma mastectomia ("tomia" significa incisão, corte, retirada), que é a remoção da mama inteira, preservando ou não a pele, aréola e mamilo, ou uma cirurgia conservadora da mama, ou seja, retirar somente o tumor e parte da mama. Isso vai depender da relação entre o tamanho do tumor, o volume da mama e a distância entre o tumor e a pele (ou entre ele e a aréola ou mamilo). [3,5]

Pode ser também que o mastologista precise realizar uma "linfadenectomia", ou seja, a retirada dos gânglios da axila. Essa remoção dos gânglios pode ser parcial (somente o linfonodo[s] "sentinela[s]") ou "ampliada", retirando um número maior de gânglios axilares (embaixo do braço).

Linfonodo sentinela
É o nome que se dá ao primeiro linfonodo ou gânglio que envia células de defesa para identificar e combater o tumor. Ele tem esse nome porque funciona como se fosse um guardião ou primeiro soldado do "quartel-general" que irá "enxergar" a ameaça das células tumorais e defender a mama do tumor existente. É um gânglio "vigia".

Os médicos conseguem identificar qual é o linfonodo sentinela injetando uma substância na região periareolar ou perinodular, que vai revelar quando as células do tumor já chegaram ao gânglio. Dependendo da situação, pode haver e identificar-se mais de uma sentinela. [6] Hoje em dia é possível fazer o exame do linfonodo sentinela na maioria dos casos. Assim, já faz parte da rotina do mastologista usar esse recurso para poder separar os linfonodos atingidos dos não atingidos pela doença, de forma que os gânglios sadios possam ser mantidos. Quando é possível evitar a retirada de todos os gânglios axilares, diminui bastante a chance de a mulher ter um inchaço (edema) no braço do lado operado. [6]

Atualmente, quando se realiza uma cirurgia na qual a mama é preservada, mesmo tendo até dois linfonodos sentinelas contaminados por células malignas, podemos, com toda segurança e comprovação por estudos, não realizar a retirada de todos os gânglios axilares. No entanto, quando temos mais de três linfonodos sentinelas contaminados, aí, sim, é necessário retirar todos os gânglios ou complementar com radioterapia sobre a axila. [6]

Ao planejar a cirurgia, também pode ser discutida a possibilidade de se fazer uma reconstrução. Essa reconstrução é outro procedimento cirúrgico. Pode ser realizada junto com a cirurgia para o tratamento do tumor ou, eventualmente, num segundo momento. O objetivo é fazer com que a região da mama volte a ficar parecida com o que era antes. É possível realizá-la de várias maneiras: com próteses de vários tipos ou com doação de pele e músculo das costas ou do abdômen da própria pessoa. [7]

A chance de cura da doença é mais ou menos a mesma ao se fazer a cirurgia conservadora ou a retirada total da mama: o risco de o tumor voltar são semelhantes, tanto em uma como na outra cirurgia. O que muda é que, na cirurgia conservadora, na grande maioria das vezes, a radioterapia se torna obrigatória, por segurança. [8]

Os riscos envolvidos na cirurgia para tratamento de câncer de mama são os inerentes a qualquer outra cirurgia: infecções, hematomas, reações à anestesia, hemorragia, coágulos do sangue que se desprendem e podem provocar trombose, inchaço, dor, dificuldade de cicatrização. Esses são problemas que podem acontecer com pessoas que passam por qualquer tipo de cirurgia. Mas, no caso da cirurgia de mama, há ainda algumas outras possibilidades, e é interessante conhecê-las para poder se preparar para elas. [8]

> Eu me olhava e tinha uma cicatriz enorme na barriga, no peito. E, cada vez que entrava debaixo do chuveiro, ficava olhando o corte. Com o tempo, percebi também que mudaram algumas coisas, meu guarda-roupa agora só tinha roupas largas. Quando tomava banho na academia, sentia o olhar das mulheres... Não me sentia à vontade ao sair do chuveiro e percebia que precisava não me expor tanto. Notava que aquela situação tinha a ver com a doença. Para mim, o olhar do outro era direcionado à minha doença. É uma coisa bem interna mesmo. O olhar "presentificava" a doença. Além disso, quando me olhava no espelho, só conseguia enxergar isso. Foi quando decidi acabar com essa situação e fazer uma cirurgia. Hoje, ao me olhar, me sinto mais confortável. Consigo me ver com outros olhos.
>
> J.M.C., 58 anos, terapeuta

A principal é a diferença estética: mesmo que seja feita a reconstrução e coloque-se um implante (de silicone, por exemplo) ou tecido de outra parte do corpo (abdômen, costas), é possível que uma mama fique diferente da outra e/ou diferente de como era antes. Mas, se isso acontecer, basta lembrar que um retoque pode ser feito, se assim se desejar. Muitas vezes, esse "acabamento estético" torna a nova mama até mais bonita que a original. [9]

A cirurgia da mama pode envolver os músculos do peito. Isso quer dizer que pode ser perdida parte da força ou da sensibilidade do braço e, também, pode haver dor no tórax. Se o médico precisou usar um retalho (ou seja, retirar parte de pele e/ou músculo de outra parte do corpo para recompor a região da mama), a região doadora pode ter problemas de cicatrização. Isso quer dizer que, dependendo do tipo da cirurgia, poderá não ser possível voltar ao trabalho tão cedo, pois atividades simples como lavar o cabelo ou vestir determinados tipos de roupa podem ficar difíceis nas primeiras semanas. Em cirurgias conservadoras, isso geralmente não acontece. [9]

> Fumantes têm maior risco de ter problemas de cicatrização em qualquer cirurgia, e também na de mama, porque o fumo modifica as características físicas dos vasos sanguíneos e, portanto, a capacidade dos tecidos de receber nutrientes. A cicatrização pode demorar e também pode acontecer morte do tecido (necrose).

Por fim, cicatrizes podem ficar aparentes, tanto na área da mama como na área doadora de retalhos. Nunca é possível prever com precisão como uma cicatriz vai ficar, mas o cirurgião mastologista tem experiência suficiente para prever pelo menos a extensão, com base nos locais onde pretende fazer os cortes. Pode ser que seja necessário usar um dreno (um pequeno tubo saindo da área do corte) por alguns dias, para evitar o acúmulo de líquido até que aconteça a cicatrização interna. Embora as cicatrizes nunca desapareçam completamente, elas tendem a desinchar e ficar pouco aparentes com o tempo. [9]

As mulheres que optam por colocar implante de silicone também precisam saber dos riscos envolvidos nesse tipo de prótese – mesmo nas cirurgias que são feitas somente por motivos estéticos e não por câncer de mama. As próteses podem se romper ou vazar, e nem sempre isso provoca algum sintoma. Por isso, toda mulher com implante deve se submeter regularmente a exames clínicos e de imagem. [10]

> *A minha principal preocupação quando saí da sala de cirurgia e acordei era saber se o meu mamilo ainda estava lá. Dei uma espiadinha... e fiquei aliviada. O médico conseguiu preservar. Depois de alguns meses, quando decidimos refazer a operação para melhorar a parte estética e colocar o implante, ele deu uma "levantada" nas duas mamas, então agora tenho peitos mais jovens do que antes!*
>
> C.A., 45 anos, advogada

> As próteses de mama utilizadas hoje em dia já não têm mais prazo de validade definido, como as mais antigas. Elas podem permanecer no local enquanto estiverem esteticamente boas e íntegras.

Um problema que pode acontecer, às vezes, certo tempo depois da cirurgia da mama (e da radioterapia) é o inchaço no braço do lado operado, chamado de linfedema. Isso ocorre quando o sistema linfático (os vasos linfáticos) foi rompido para retirada de todos os gânglios da axila durante a cirurgia (mais raramente isso também pode ocorrer quando é feita a remoção do linfonodo sentinela). Com esse rompimento, o fluido que corre pelos vasos linfáticos não passa e fica acumulado. Quando isso acontece, o braço fica inchado, às vezes avermelhado, a articulação do ombro ou cotovelo pode ficar rígida, reduzindo a flexibilidade. A fisioterapia pode ser usada para tratar o linfedema, assim como bandagens de compressão e alguns tipos de exercício, dependendo do caso. [11]

> O fluido linfático transporta substâncias para os gânglios, onde as células de defesa do organismo filtram o líquido, impedindo que uma infecção se espalhe pelo corpo. É um sistema de drenagem composto de múltiplos dutos, semelhante ao sistema sanguíneo.

Quimioterapia

Quimioterapia é uma palavra que com frequência gera medo. Geralmente, as pessoas associam esse tratamento a sofrimento com vômitos, náuseas, perda de cabelo e, também, com o avanço da doença. No entanto, como vamos ver aqui, essa é uma imagem que não se aplica a todos os casos e, o que é pior, cria obstáculos ao reconhecimento dos enormes benefícios desse tratamento, que efetivamente pode salvar vidas.

A quimioterapia é um tratamento que envolve a administração de uma droga tóxica para as células do tumor, que interfere no ciclo de reprodução delas. Essas células se reproduzem muito rapidamente – isso é justamente uma das coisas que fazem delas células tumorais: o fato de se multiplicarem mais rápido que o normal. A quimioterapia age diretamente sobre esse tipo de célula, matando-a ou interrompendo sua reprodução. Os médicos chamam essa terapia de "citotóxica", ou seja, tóxica para a célula. O problema é que a medicação atinge, justamente, *todas* as células que têm reprodução rápida – daí a queda de cabelos, um dos efeitos adversos mais visíveis da quimioterapia. Acontece que os cabelos são compostos de células que se reproduzem rapidamente (é por isso que eles crescem todos os dias). Ao atingir células de reprodução rápida, a quimioterapia atinge as do tumor... e as do cabelo! [12] Hoje em dia, um recurso que tem sido utilizado para diminuir a queda de cabelos durante a quimioterapia é usar uma touca com temperatura a menos de 5°C durante a infusão.

> *A quimioterapia pode trazer alguns efeitos indesejáveis para a digestão que atrapalham a alimentação adequada, dependendo dos remédios e das doses. Também é muito comum a redução da fome.*

Outro grupo de células do corpo que se multiplicam de forma acelerada é o das que revestem os órgãos da digestão (chamada de mucosa do trato gastrintestinal): o estômago, por exemplo. Isso faz com que um dos efeitos colaterais mais lembrados da quimioterapia seja o vômito, a diarreia e a mucosite – uma inflamação da mucosa que reveste todo o tubo digestivo, podendo acometer desde a cavidade oral até o intestino. Nesse caso, recomenda-se evitar a ingestão de alimentos ácidos, muito duros e crocantes. Quando atinge a boca, pode provocar feridas dolorosas nas bochechas ou língua, que acabam atrapalhando a mastigação e deglutição dos alimentos. Quando acomete o intestino, pode se traduzir em diarreia, situação que exige ingerir muita água para evitar a desidratação.

> *Algumas dicas podem ajudar a manter uma alimentação saudável: dar preferência a alimentos mais macios e úmidos, fracionar a alimentação em 6 a 8 refeições ao dia em pequenas porções, evitar alimentos gordurosos e muito condimentados, reduzir o teor de sacarose e lactose.*

A mucosite tem tratamento. [13] Sempre converse com seu médico, caso perceba feridas na cavidade oral ou alteração do hábito intestinal e procure um profissional da área de nutrição para fazer adaptações ao cardápio, de acordo com suas necessidades.

Acupuntura pode?
Converse com o seu médico sobre a fase do tratamento e sobre como está o seu exame de sangue. Em geral, a acupuntura é indicada para controle de dor, náusea e vômitos durante a quimioterapia, além de contribuir com a neuropatia periférica e as ondas de calor durante a hormonioterapia.

Porém, ao tratar uma pessoa com câncer de mama, os médicos estão preocupados também com outra área que vai ser diretamente atingida pela quimioterapia – e desta nem todo paciente sabe: a da medula óssea, que produz as células de nosso sangue. Isso significa que, quem está em tratamento quimioterápico, vai precisar realizar exames de sangue, fígado e rins com frequência para verificar se a toxicidade não está alta demais. Dessa maneira, é possível controlar as doses e os esquemas de tratamento. [14]

A quimioterapia pode reduzir os neutrófilos e prejudicar a imunidade, aumentando a chance de aparecerem infecções graves. Por isso, é importante manter uma boa higiene dos alimentos, utilizar hipoclorito nas frutas e verduras cruas, consumir água potável filtrada ou fervida, preferir a ingestão de alimentos cozidos, utilizar leite e derivados somente pasteu-

> As chamadas "práticas mente-corpo", como ioga, tai chi chuan e meditação, ajudam a relaxar. O contato com a natureza também é indicado para aliviar o estresse. Procure um lugar tranquilo e, durante ao menos 20 minutos, permaneça observando a paisagem, sentindo os cheiros e perfumes, ouvindo os sons.

rizados e ter cuidado redobrado com o prazo de validade dos alimentos.

A quimioterapia também pode ocasionar perda de massa muscular, o que causa fadiga e indisposição para a prática de atividades simples, como tomar banho e fazer pequenas caminhadas. Por mais difícil que pareça, evitar o sedentarismo nesta fase é a melhor estratégia para ajudar a aliviar tais desconfortos. O exercício físico, principalmente aeróbico, pode ajudar a aliviar essa fadiga intensa, porque diminui a inflamação provocada pela quimioterapia. [15]

> *A melhor estratégia para prevenir a perda de massa muscular durante a quimioterapia é a inclusão de exercícios de resistência muscular, ou seja, musculação ou outro tipo de exercício que obrigue a fazer "força". Isso também ajuda a aliviar o "inchaço".*

Outro possível efeito adverso da quimioterapia é sobre o sistema neurológico. Podem ocorrer perdas de memória, atenção, raciocínio e mesmo na linguagem (dificuldade de falar), mas frequentemente isso desaparece com o fim do tratamento. O sintoma inicial pode ser formigamento ou perda de sensibilidade dos dedos, mãos e pés. Cansaço excessivo e dificuldade de concentração no trabalho podem ser sinais dessa toxicidade da quimioterapia. Os médicos devem ser informados para que as doses sejam ajustadas.

> *A ioga pode ajudar com a náusea e com o cansaço. É necessário atenção para posturas invertidas, torções da coluna e movimentos que possam causar desconforto, dor ou riscos de fraturas. Procure um profissional responsável e que conheça as particularidades do tratamento oncológico.*

Na quimioterapia para câncer de mama, pode ser usada uma droga somente (monoterapia) ou várias em conjunto, com diferentes mecanismos de ação, em esquemas (poliquimioterapia) que os oncologistas compõem com base nas características de cada paciente e do tumor. Existem muitos esquemas e dosagens específicas, e o médico indicará os mais adequados para cada caso. [16]

Pode ainda ocorrer a perda de elementos fundamentais do organismo, especialmente vitaminas, mas somente os profissionais que acompanham o caso é que poderão identificar e fazer as reposições necessárias. Algumas vitaminas e minerais, quando ingeridos em excesso, podem ser prejudiciais à saúde, além de interferir na eficácia da quimioterapia. Portanto, evite fazer uso de polivitamínicos e suplementos alimentares sem o conhecimento de seu médico.

É preciso cuidado com o uso de produtos naturais, chás, suplementos ou fitoterápicos. Mesmo produtos "naturais" podem ser perigosos, ocasionar interações medicamentosas, infecções, reações alérgicas, prejudicar os rins e o fígado. Converse sempre com seu médico.

Evite fazer "dieta" e restrições alimentares durante a radioterapia e a quimioterapia. Qualquer tipo de restrição alimentar, se não acompanhada por um profissional, poderá causar deficiências de vitaminas e perda de massa muscular, a ponto de prejudicar o seu tratamento.

Geralmente, a quimioterapia é recomendada antes da radioterapia e pode ser indicada antes ou depois da cirurgia. Quando ministrada antes da cirurgia (os médicos chamam a quimioterapia antes da cirurgia de "neoadjuvante"), ela tem o objetivo de testar a eficiência da medicação sobre o tumor: o médico acompanha a redução ou desaparecimento do tumor durante o tratamento quimioterápico. Também pode ser usada para reduzir o tamanho do tumor, para facilitar e tornar mais seguro o trabalho do cirurgião, assim como para combater algum foco de metástase que possa estar presente no corpo – porque, como as metástases são pequenos tumores crescendo fora do local inicial (a mama), mas ainda assim são células de tumor de mama, elas serão atingidas pela droga da mesma maneira. Quando indicada até seis semanas depois da cirurgia ("adjuvante"), a quimioterapia objetiva também eliminar os focos de metástase que não haviam sido identificados no corpo. [16]

> O meu médico me explicou que tive muita sorte, porque, como conseguiu perceber o meu tumor logo no início, através do exame, de ainda se encontrava pequeno. Durante a cirurgia, viu que os gânglios na minha axila não tinham sido atingidos. Então, não precisei nem de "quimio" nem de radioterapia. Isso foi um grande alívio, mas mesmo assim tenho que fazer acompanhamento todo ano.
>
> H.M., 56 anos, empresária

Terapia-alvo

Existem células que possuem uma proteína HER 2 (Human Epidermal growth fator Receptor – type 2) em sua superfície e que, em quantidades normais, tem um papel importante no seu crescimento e desenvolvimento. No entanto, há células tumorais de mama que possuem essa proteína HER 2 em excesso, o que traz como consequência uma proliferação maior dessas células tumorais, e, por

> A meditação pode ajudar a controlar a ansiedade, o medo, melhorar questões relacionadas à memória e ao raciocínio, prejudicados pela quimioterapia, bem como reduzir as náuseas provocadas pela quimioterapia. A melhor maneira de aprender essa técnica é com um instrutor individual ou em grupo.

consequência, um prognóstico pior de tais células. Quando isso acontece, chamamos esse tumor de HER 2 positivo. Essa positividade, que se traduz em maior agressividade, pode ser então combatida com medicações específicas, chamadas de terapia-alvo. A terapia-alvo tem por objetivo combater essas moléculas específicas, direcionando a ação de medicamentos, exclusivamente (ou quase exclusivamente) para as células HER 2 positivo, neutralizando assim sua agressividade. Atualmente existem várias drogas conhecidas como terapias-alvo.

Perspectiva

Felizmente, por ser um foco de combate mundial, o câncer de mama é intensamente estudado, possibilitando descobertas de novas drogas que atuam em diferentes pontos moleculares das células tumorais, agindo como se tivessem atingindo um corpo de um gigante em vários pontos simultaneamente, deixando-o imobilizado e, por fim, morto. A revelação de novos tratamentos cada vez

> É possível começar a treinar a sua atenção para o momento presente usando a respiração. Feche os olhos e preste atenção nos movimentos do tórax e do abdômen enquanto respira. Se, em algum momento, perder a concentração, apenas retome a concentração na respiração. Faça isso quantas vezes forem necessárias. Depois, pare e perceba como se sente.

mais eficientes acontece quase mês a mês. Estamos no caminho certo, entendendo essa doença cada vez mais!

Radioterapia

A radioterapia pode parecer tão assustadora para algumas pessoas, à primeira vista, quanto a quimioterapia. Mas não deveria ser assim: a radioterapia tem o importante papel de neutralizar e destruir células de tumor que eventualmente tenham restado no local operado. A radioterapia é um tratamento local, que usa radiação ionizante aplicada diretamente na mama. Radiação ionizante é uma onda eletromagnética com energia suficiente para fazer com que os elétrons sejam arrancados dos átomos e das moléculas. No tratamento do câncer, a radiação se dirige às células que se reproduzem rapidamente, como as do tumor, destruindo sua estrutura molecular. [17]

Existe também uma modalidade de radioterapia chamada de radioterapia intraoperatória. Ela tem a grande vantagem de ser utilizada em dose única durante a cirurgia, dispensando a necessidade de se realizar mais radioterapia posteriormente. A radioterapia intraoperatória deve ser utilizada com muito critério, tem indicações específicas e se restringe a um número pequeno de situações. [17]

No caso do câncer de mama, a radioterapia geralmente é utilizada depois da cirurgia ou quimioterapia (se a quimioterapia não veio antes da cirurgia). Ela faz parte do tratamento que o mastologista chama de "adjuvante", ou seja, ajuda, complementa esse tratamento, e isso aumenta a sua margem de segurança, diminuindo a chance de a doença retornar localmente e, em muitos casos, contribuindo até para aumento da sobrevida. [17]

Mas quando e por que é necessária essa "ajuda"?

Teoricamente, pessoas com tumores iniciais e localizados podem se beneficiar com a cirurgia conservadora: retira-se o tumor e pronto! Porem, em alguns casos, os pesquisadores verificaram que usar a radioterapia fazia com que diminuísse o número de pacientes em que o tumor voltava a crescer depois de um tempo. Os médicos chamam essa "volta" de recorrência da doença, a taxa de pessoas que, depois de algum tempo, desenvolvem novamente o tumor de mama. O risco de recorrência do câncer de mama pode ser menor entre as pessoas que recebem radioterapia do que entre as que somente foram operadas, sem radioterapia. Isso foi verificado em pesquisas e vale tanto para pacientes que têm uma doença menos avançada, mais localizada, quanto para aquelas com tumores maiores e maior comprometimento. [18]

Isso quer dizer que todas as pessoas com câncer de mama se beneficiam da radioterapia?

Não. O mastologista vai levar em conta alguns fatores para decidir se indica ou não a radioterapia. Entre eles: idade, tamanho do tumor, a classificação patológica do tumor (ou seja, as características das células que o compõem), a presença de linfonodos comprometidos (se a doença atingiu os gânglios ou não), se o tumor era único ou se encontrava em várias regiões da mama. Ele também vai examinar as "margens", ou seja, a região próxima do tumor, para verificar se está livre de células tumorais ou se está comprometida. [18]

Dependendo dessas características, adicionar a radioterapia ao tratamento pode reduzir pela metade as chances de o tumor voltar no futuro – mas, se o risco de uma paciente já é muito baixo, talvez não valha a pena adicionar mais esse tratamento, já que não faria diferença. Essas são decisões que o mastologista vai tomar, com base em resultados dos exames da paciente e também nos dados das publicações médicas especializadas, antes de indicar ou não a radioterapia. Mas, no caso de pacientes com tumores maiores, linfonodos (gânglios) comprometidos e algumas outras características que indicam doença mais avançada, a radioterapia geralmente é indicada. [18]

Doses

A radioterapia para câncer de mama é um tratamento que se estende por três, cinco ou mais semanas; então, é interessante preparar-se para isso. Geralmente, vai ser aplicada numa dose de 42 a 50 Gy total, dividida em frações diárias, algumas vezes por semana (é comum organizar o tratamento com cinco vezes na semana, com um descanso no final de semana). Cada serviço e equipe vai decidir a dosagem de acordo com a história e o tipo de mama de cada paciente. [19]

> Radioterapia exige reorganização da rotina familiar: ir todo dia ao hospital durante várias semanas poderá exigir ajuda de todos os membros.

O especialista em aplicar a radioterapia é o radio-oncologista. Ele pode optar por aplicar também uma dose maior, concentrada numa região da mama, no local onde o tumor estava (chamado de "leito do tumor"). Essa dose de "reforço" (que os especialistas chamam de "boost") também tem o potencial de reduzir as chances de recorrência do tumor, porque é justamente nessa região que podem ter "sobrado" algumas células tumorais – que, se "sobrarem" por ali, podem voltar a se multiplicar, produzindo um novo tumor. O objetivo é acabar com elas. [19]

A radioterapia provoca a maior parte dos efeitos colaterais localmente, desencadeando algumas vezes aumento da sensibilidade local, tanto mamária, quando após cirurgia conservadora, quanto na pele irradiada. Às vezes, pode ser acompanhada de um cansaço físico. É importante frisar que a radioterapia não provoca queda capilar nem outros efeitos similares aos que ocorrem com a quimioterapia. [19]

Terapia hormonal

Eu poderia ter me informado melhor: estava com 40 anos e fui fazer quimioterapia. Não tinha filhos e nunca pensei nisso, mas, quando descobri que não poderia ter mais filhos, foi estranho... Após a segunda sessão de "quimio", percebi que não menstruava mais e, ao questionar o médico, ele disse que eu não ia mais menstruar mesmo. Isso me chateou. Essas coisas precisam ser pensadas e estudadas.

S.M.C., 46 anos, mercado financeiro

A terapia com hormônios (ou "endócrina", no linguajar dos médicos) é uma modalidade de tratamento para o câncer de mama menos conhecida popularmente, mas é tão importante quanto a quimioterapia e a radioterapia. Esse tratamento funciona de maneira curiosa, pois "engana" o organismo, fazendo com que o crescimento acelerado da mama (o tumor) seja reduzido ou interrompido. Vamos entender isso melhor? [20]

A mama, como já explicamos, é uma glândula, ou seja, um órgão que secreta uma substância (no caso, o leite). A glândula mamária sofre influência do estrógeno: quando aumenta a quantidade de estrógeno circulando no corpo, aumenta a mama e a sua capacidade de produzir leite, por exemplo, no início da puberdade e no final da gravidez, preparando o organismo para a amamentação. É como se o corpo fornecesse mais cimento para construir a fábrica de leite. Nessas fases de maior exposição ao estrógeno, proliferam os ductos mamários que conduzem o leite. É o estrógeno estimulando a mama a crescer. [21]

E como funciona a terapia hormonal?

Apesar de ser chamada de hormonal, essa terapia não tem nada a ver com o tratamento de reposição hormonal que se utiliza durante o climatério. Na verdade, trata-se de uma terapia "anti-hormonal".

As células da mama têm receptores para os hormônios: são substâncias que funcionam como "fechaduras", às quais a "chave" do estrógeno vai se encaixar. Os receptores hormonais situados nas células seriam as fechaduras onde essas chaves, os hormônios, se encaixam para promover várias reações, como, por exemplo, o estímulo à proliferação celular. [21]

Mulheres com mais receptores de estrógeno têm maior risco de que o tumor volte a aparecer, mesmo depois de retirado com a cirurgia. Isso porque, eventualmente, se alguma célula oriunda da doença escapou do nódulo principal e ainda estiver ocultamente presente em qualquer outra parte do corpo, ela estará sendo estimulada a se proliferar por causa da atuação do hormônio estrógeno. Por isso, a medicina conseguiu criar algumas alternativas de tratamento baseadas no conceito de atrapalhar a relação entre a chave e a fechadura. O que a terapia hormonal faz é "ludibriar" o organismo, ocupando o lugar da fechadura e interrompendo ou diminuindo o estímulo que o estrógeno dá para o crescimento da célula mamária. [21]

Tumores de mama podem expressar estrógeno e progesterona em maior ou menor quantidade (ou seja, ter mais ou menos receptores). Tumores de mama que expressam receptores de estrógeno ou progesterona mais fortemente indicam ao médico que pode ser uma boa ideia usar hormônios para "ocupar" os receptores (com "chaves falsas"). Isso faz com que o organismo entenda que a proliferação das células mamárias deve ser interrompida. [21]

O tamoxifeno é um medicamento criado na década de 1970 e ainda é utilizado no mundo todo

para tratar o câncer de mama nas mulheres que têm essa indicação, porque aumenta a sobrevida e o tempo sem doença. A sua ação está baseada no funcionamento dessa relação entre o receptor de estrógeno e o estrógeno – a chave e a fechadura. [21]

Existe também outro modo de atuação da terapia hormonal. Outra classe de medicamentos que também funcionam como "terapia de privação de estrógeno" é a dos "inibidores da aromatase". Essa substância, a aromatase, é uma enzima potente, presente em vários tecidos, e é responsável pela fabricação dos hormônios sexuais (como o estrógeno). Portanto, o inibidor dessa enzima, que é o inibidor da aromatase, pode, dessa maneira, bloquear o crescimento do tumor em mulheres com maior quantidade de receptores de estrógeno. [20]

> *Práticas integrativas, como acupuntura, ioga, meditação, musicoterapia, entre outras, podem ajudar nos efeitos do tratamento, juntamente com os medicamentos e orientações do seu médico.*

Os médicos têm como avaliar a quantidade de receptores hormonais que uma mulher possui. Para isso, eles usam o exame anatomopatológico com reação imunoistoquímica, conforme explicamos nos capítulos anteriores. As mulheres com maior quantidade de receptores são chamadas de "receptoras de estrógeno-positivas", ou "ER+". Portanto, a terapia hormonal é indicada para quase todas as mulheres "ER+". [22]

Alguns efeitos colaterais do uso da terapia hormonal é que a mulher pode passar a ter os mesmos sintomas de que se tivesse entrado na menopausa: metade delas pode vir a ter ondas de calor e algumas podem ter corrimento ou ressecamento vaginal, irregularidades ou até interrupção da menstruação. [23]

Os inibidores da aromatase especificamente são utilizados para mulheres que já entraram na menopausa, que já pararam de menstruar. Eles têm como efeito colateral alguns sintomas da menopausa, como dores em músculos e articulações, e podem também prejudicar a densidade mineral óssea, ou seja, causar a redução da densidade dos ossos, que geralmente acontece na menopausa, expondo a mulher a maior risco de fraturas. O mastologista ou o oncologista deve sempre avaliar a densidade dos ossos da mulher antes de indicar esse tratamento. [20]

> A terapia hormonal envolve o risco de interrupção da ovulação: a mulher pode deixar de menstruar e, com isso, tornar-se infértil, ao menos temporariamente.

Resumindo o tratamento

O tratamento oncológico pode iniciar-se com cirurgia ou com tratamento clínico, dependendo da estratégia escolhida pelo médico.

Quando se inicia pela cirurgia, após a retirada do tumor, o tratamento muitas vezes deve ser complementado com radioterapia e/ou tratamento sistêmico (com medicamentos). Nesse caso, o objetivo é eliminar localmente (mamas e locais de drenagem linfática da mama) ou sistematicamente (corpo todo) as células oriundas da doença que eventualmente tenham escapado do nódulo principal e se escondam em alguma outra parte do corpo.

Sobre a análise do tumor, checam-se os receptores de estrógeno e progesterona (chamados RH ou RP e RE). A evidência da presença da proteína HER 2 e o índice de proliferação celular são características importantes que o mastologista e oncologista analisam nos exames para identificar quais mulheres com câncer de mama podem se beneficiar de tratamentos hormonais, e/ou quimioterapia, e/ou terapia-alvo. Esses dados também ajudam a decidir se vale a pena operar imediatamente ou iniciar o tratamento com medicação e deixar o tratamento cirúrgico para um segundo momento. Essa opção costuma ser sugerida em pacientes com exames negativos para receptores de estrógeno, progesterona e, também, para o HER 2. Os médicos chamam essas pacientes de "triplo negativas". [24]

Também pode-se pensar nessa estratégia em pacientes com tumores acima de 2 cm e HER 2 positivos e/ou pacientes que infelizmente já tenham um comprometimento dos gânglios axilares ou nódulos de grande volume em relação ao tamanho da mama que está doente.

Estudos recentes também têm evidenciado a necessidade de avaliar o comportamento do tumor não somente pelas suas características anatômicas e morfológicas (aspecto das células), mas também pelas características biológicas, ou seja, das substâncias presentes na célula. Conforme explicado anteriormente, o exame de imunoistoquímica mostra essas informações adicionais (como o *status* dos receptores hormonais e da proteína chamada HER 2, o índice de proliferação celular – Ki 67 e outros indicadores menos importantes). Por isso, às vezes se faz necessário investigar mais essas células malignas para auxiliar na decisão do tratamento medicamentoso a ser realizado.

Nessa situação, o médico pode solicitar uma análise dos genes presentes nas células tumorais, ou seja, uma análise genômica. Essa análise, com base nas informações genéticas e biológicas do tumor, fornece mais dados sobre o comportamento dessas células e o prognóstico desse tumor. [25,26]

Medicina alternativa nunca! Tome muito cuidado com profissionais que aconselham deixar a quimioterapia e fazer algum outro tipo de tratamento. Quem não faz o tratamento adequado (quimioterapia, radioterapia, cirurgia, imunoterapia), tem maior chance de morte.

Dessa maneira, o câncer de mama – ou, como vimos, os cânceres de mama – é um quebra-cabeças que o mastologista e/ou oncologista precisam montar junto com a sua paciente. As decisões sobre os tratamentos envolvem muitas variáveis, como características pessoais e familiares, estilo de vida, análise genética, características do tumor, além das preferências de cada mulher diante das opções de tratamento disponíveis.

Os tratamentos podem ser variados, às vezes mais agressivos e em outras menos intensos, porém devem ser sempre decididos em conjunto pela equipe médica, às vezes em uma análise multidisciplinar, com vários especialistas, e então compartilhados com a paciente e familiares e/ou amigos próximos.

O mais importante é sempre tomar uma decisão que seja bem acertada.

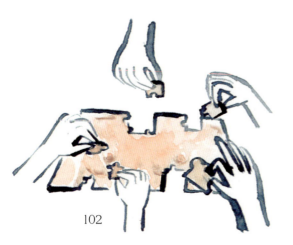

8 Entendendo os tipos de cirurgia

O tratamento cirúrgico do câncer de mama é sempre necessário em casos em que a doença não está disseminada.

Podemos dividi-lo em tratamento conservador e tratamento não conservador.

Tratamento não conservador

A mastectomia é como se chama genericamente a retirada da mama. Ela pode ser subdividida em vários tipos, conforme aquele que se deseja realizar.

Mastectomia subcutânea ou adenomastectomia

Procedimento que se caracteriza pela retirada de toda a glândula mamária, preservando a pele da mama, porém, podendo ou não poupar a aréola e mamilo, conforme a necessidade.

A mastectomia poupadora de pele é a retirada da glândula mamária e da aréola e mamilo, conservando toda a pele da mama, a partir da borda da aréola.

A mastectomia poupadora de pele, aréola e mamilo é a retirada da glândula mamária, mantendo toda a pele da mama, aréola e mamilo.

Mastectomia radical

Essa cirurgia (atualmente muito pouco realizada) compreende a retirada de toda a mama, inclusive de grande parte da pele, o que inclui a aréola e o mamilo; toda a glândula mamária é também retirada da musculatura que está abaixo da mama (músculos pequeno e grande peitoral). Nesse procedimento também se remove toda a cadeia de gânglios axilares.

Mastectomia radical modificada

Essa cirurgia (atualmente muito pouco realizada) compreende a retirada de toda a mama, inclusive de grande parte da pele, o que inclui a aréola e o mamilo e toda a glândula mamária, mas preservando a musculatura que está abaixo da mama. Nesse procedimento também se remove toda a cadeia de gânglios axilares.

Mastectomia simples

Essa cirurgia compreende a retirada de toda a mama, inclusive de grande parte da pele, o que inclui a aréola e o mamilo e toda a glândula mamária.

Reconstrução mamária

Dá-se o nome de reconstrução mamária à opção de reconstruir de alguma maneira o espaço antes preenchido pela glândula mamária.

As *reconstruções* podem ser realizadas através de implantes (próteses) ou de doação de áreas do próprio

corpo (retalhos autólogos), como dorso (costas) ou abdômen, por exemplo. Essas áreas de tecido que são retiradas de uma parte do corpo e transferidas para repor o volume mamário que foi perdido, compreendem parte da pele, tecido gorduroso abaixo da pele e parte do músculo. Em algumas situações específicas, pode-se transferir somente a pele e a gordura, sem levar a parte muscular.

Os *implantes* podem ser divididos em definitivos ou temporários. Em sua maioria, são de silicone e podem ter sua superfície lisa ou pouco rugosa (texturizada). Têm formatos variados: redondos, em forma de gota, com altura (eixo vertical) mais longa ou base (eixo horizontal) mais longa e com perfil variado (projeção da mama, que é a medida da base da mama que fica em contato com o músculo até o mamilo).

Os *expansores* são próteses que são colocadas parcialmente vazias e que possuem uma válvula que permite posteriormente a conexão com uma seringa, através da qual se instila soro fisiológico, iniciando cerca de quinze dias após a cirurgia, com o intuito de distender a prótese e assim dar o volume mamário.

Abordando os gânglios da cadeia axilar

Os linfonodos ou também gânglios linfáticos são pequenos órgãos formados por tecido linfoide que atuam no sistema de defesa do organismo e que se comunicam entre si através de minúsculos canais, formando uma verdadeira rede e desembocando, por fim, no sistema sanguíneo.

Na grande maioria das cirurgias oncológicas mamárias, um ou vários desses gânglios devem ser investigados.

Linfonodo ou gânglio sentinela

É assim chamado por ser o primeiro gânglio que confronta o nódulo presente na mama, e recebe o nome de sentinela por ser considerado o primeiro gânglio que responde imunologicamente em defesa da mama.

Normalmente, nas cirurgias oncológicas de mama, retira-se o linfonodo sentinela. Algumas vezes, a mama pode ter mais de um sentinela e, nesse caso, procura-se remover todos aqueles que são assim identificados.

Esvaziamento axilar

Esse procedimento indica a retirada de todos ou da grande maioria dos gânglios da cadeia axilar. Geralmente, é indicado quando se tem mais de dois gânglios contaminados por células malignas ou quando pelo menos um desses gânglios está tão contaminado por células malignas que romperam o invólucro (cápsula) do gânglio.

Tratamento cirúrgico conservador

Chamamos de cirurgia conservadora todo procedimento em que é retirada somente parte da mama, ou seja, quando a mama é preservada.

Geralmente, é realizada uma incisão para a retirada da área doente e outra em área axilar para a abordagem do(s) gânglio(s) da cadeia axilar.

Esse procedimento pode ser realizado simplesmente removendo-se a parte afetada ou combinado com técnicas denominadas oncoplásticas. Estas recebem esse nome pelo fato de se conciliar a cirurgia oncológica com um reparo estético adequado, como se fosse uma plástica de redução de mama, por exemplo, sempre objetivando um melhor "acabamento" cosmético.

Novidades atuais e perspectivas

Atualmente, estamos vivendo uma fase, sempre que possível, de descalonamento (redução) dos tratamentos, tanto clínicos quanto cirúrgicos.

Do ponto de vista cirúrgico, a preocupação de não provocar marcas nas pacientes, ou seja, realizar um número menor de cicatrizes, assim como de propor uma possibilidade de sofrer procedimentos menos invasivos e agressivos, sem perder a eficiência e curabilidade oncológica, fazem parte das novas diretrizes.

Novos estudos, principalmente na sociedade americana, mostram uma preocupação grande não só com os resultados das cirurgias em relação às cicatrizes ou até deformidades estéticas que, às vezes, permanecem após a cirurgia, como também com sua correlação com a aceitação pessoal e social da nova identidade física que permanece após a cirurgia.

É óbvio que há situações, devido ao tamanho, aspecto e/ou posição do tumor na mama, que demandam procedimentos complexos e que muitas vezes obrigam o mastologista a remover grande parte da mama, reconstruindo-a, na sequência, da melhor maneira possível. Mas também existem casos em que pode ser oferecida uma abordagem menos agressiva.

Muitas pacientes com indicação de realizar uma cirurgia conservadora e que estão satisfeitas com suas mamas, ou seja, desejosas de manter a aparência atual das mamas, mantendo-as com o aspecto mais natural possível, a fim de que ninguém perceba que sofreram alguma cirurgia, têm uma nova possibilidade.

Atualmente realizo uma incisão única para a remoção da área doente, assim como para a retirada do(s) gânglio(s) axilar(es). É uma técnica considerada *minimamente invasiva* e que desenvolvo desde 2015. Essa técnica já foi publicada e apresentada em congressos internacionais, ou seja, é factível, oncologicamente segura e cosmeticamente excelente. Através de uma incisão única, na axila ou no sulco inframamário ou peroareolar, realizo todo o procedimento cirúrgico.

Existem outras técnicas minimamente invasivas *em estudo*. São técnicas chamadas *ablativas* (que removem totalmente a lesão de alguma maneira), que servem para retirada de nódulos pequenos e de bom prognóstico.

Uma dessas técnicas em estudo, compreende a realização da retirada da lesão, em um único momento, através de várias biópsias a vácuo, com uma agulha calibrosa. Essa biópsia a vácuo é realizada com o uso de algum método de imagem, sendo o mais utilizado o ultrassom.

Outras técnicas em estudo

Utilização da crioablação, que, através de uma sonda, algo semelhante a uma agulha, realiza um resfriamento intenso da lesão, que acaba destruindo todas as células locais e, assim, "matando" o tumor.

Com a utilização do laser (técnica que, por enquanto, se tem mostrado menos eficiente), procura-se, também através de uma sonda, destruir o tumor por meio do aquecimento local intenso. Esse aquecimento também destrói as células tumorais.

Existem ainda outras técnicas em estudo não tão empolgantes para câncer de mama como: radiofrequência; *microwave* e ultrassom de alta frequência.

A vida durante e depois do câncer de mama

Vimos nos últimos capítulos que a vida das mulheres com câncer de mama vem se prolongando e também melhorando com os novos tratamentos. Muitas mulheres pelo mundo hoje vivem bem, após se tratarem do câncer de mama, e a boa notícia não acaba aí: mais pessoas com uma doença que já não pode ser curada, por ter se espalhado pelo corpo (metástases), também estão vivendo bem mais e melhor. De fato, para as mulheres que já não têm chance de cura, o objetivo do tratamento é controlar os sintomas, manter a capacidade de desempenhar as atividades da vida diária e cuidar da qualidade de vida.

Seja qual for o caso, as famílias em torno dessas pessoas precisam se preparar para dar e receber apoio diante do diagnóstico. Um tumor na mama requer tratamento, seja um procedimento cirúrgico pequeno, simples e rápido, seja uma mastectomia radical, e, às vezes, radioterapia e quimioterapia. E há muita coisa envolvida nesses tratamentos – e mesmo com o não tratamento, quando for essa a decisão: há medo, ansiedade, angústia, revolta, carência afetiva, mudanças de rotina e de estilo de vida. Esse turbilhão de transformações não afeta somente a

> Tive muita dificuldade, na minha adolescência, de entender por que minha mãe não se tratou do câncer (ela faleceu quando eu tinha 8 anos). Para mim, foi uma espécie de abandono. Hoje compreendo que o tratamento, na época, era muito limitado e muito mais sofrido e aterrorizante. Ela era uma mulher inteligente, e hoje sei que optou por ter melhor qualidade de vida nos últimos anos em que esteve conosco, seus filhos, do que se tivesse declarado guerra ao câncer. Atualmente, ela teria muito mais a ganhar com o tratamento, mas, 30 anos atrás, iria sofrer muito com os efeitos terríveis da quimioterapia da época. Esse conhecimento me permite ficar em paz e fazer as pazes com ela.
>
> P.L., 43 anos, editora

mulher, mas também a família, os filhos, o companheiro ou a companheira, os pais, os netos. Todos são atingidos de alguma maneira pela notícia.

Os vínculos familiares têm, nesse momento, uma grande oportunidade de se fortalecerem, pois a compaixão e o auxílio podem vir de e para todos os lados. Faz parte disso, inclusive, aprender a respeitar as decisões sobre o tratamento, sejam elas quais forem. A família pode ter dificuldade de entender que uma mulher optou por realizar um tratamento mais radical do que o recomendado para o seu caso, por exemplo. Ou pode não compreender uma recusa em se tratar. O motivo por trás de uma decisão como essa pode não estar claro, e esse é um momento de diálogo.

> Assim como durante o tratamento, na fase pós-tratamento, é possível fazer uso de práticas ou terapias integrativas como a acupuntura, para lidar com a neuropatia periférica e as ondas de calor, por exemplo. Praticar ioga pode aliviar a fadiga, e práticas meditativas auxiliam na melhora das alterações de humor, ansiedade e depressão.

A ajuda da família pode ser simplesmente emocional, mas também pode ser oferecida na forma de incentivo para a mudança de estilo de vida que vai ser necessária durante e após o tratamento. A alteração na dieta, por exemplo, é algo que exige a cooperação da família: cozinhar e comer sozinho é mais difícil. Fazer exercícios é algo que pode e deve ser transformado numa atividade prazerosa. Fica mais fácil quando todos, ou pelo menos alguns, colaboram.

A ciência tem revelado cada vez mais que a qualidade de vida é um componente importantíssimo da saúde. No câncer de mama, as pesquisas mostram que as mulheres podem preferir os tratamentos que oferecem o que se chama de "sobrevida livre de doença", que é o tempo em que a pessoa permanece viva e sem tumor, e que elas dão menos importância para aumentar o tempo de sobrevivência a qualquer custo. Essa preferência está fazendo com que a medicina se prepare para desenvolver e oferecer tratamentos menos agressivos, e que outros profissionais de saúde se preparem melhor para apoiar a mulher com câncer de mama: fisioterapeutas, nutricionistas, psicólogos, enfermeiros.

Como hoje a maior parte das mulheres recebe o diagnóstico da doença ainda em fase inicial, a maioria passa por cirurgia – que só não é recomendada para quem tem câncer avançado ou em determinadas situações onde se mostra vantajoso iniciar o tratamento com medicação sistêmica e depois continuar com os outros tratamentos. Assim, o primeiro desafio a ser enfrentado por todos é planejar essa estratégia e se preparar para o que acontece depois de operar a mama.

Algumas mulheres conseguem passar pela experiência do câncer de mama sem sofrerem grandes cirurgias, somente retirando o tumor e pequenas partes da mama. Outras precisam ter a mama inteira retirada (mastectomia/adenectomia) ou até mesmo operar as duas mamas. Na vida da mulher, isso traz repercussões estéticas, claro, mas também psicológicas e funcionais, ou seja, problemas que atrapalham a movimentação e outras funções do corpo.

> A prática regular de atividade física é recomendada antes, durante e após o tratamento do câncer. A recomendação mínima ideal é de 150 minutos de atividade aeróbica por semana e musculação duas vezes por semana. Sempre converse com os profissionais da área para que prescrevam o exercício ideal para seu caso.

Mesmo que isso varie de mulher para mulher, a operação na mama sempre traz dor em algum nível, mesmo que baixo, após a cirurgia. Por algumas semanas, vai ser necessário reduzir as atividades físicas, cuidar da ferida e tomar alguns cuidados, como no banho, na movimentação do braço, no uso de sutiãs, de medicamentos etc. Será necessária atenção com sinais de infecção, por exemplo, e a família pode ajudar nisso.

A perda do volume da mama pode fazer com que a mulher se sinta estranha, constrangida de se mostrar em público ou para o companheiro ou a companheira, com dificuldades de se vestir e de se olhar. Isso pode ser contornado com sutiãs que contêm próteses – esta é uma solução bastante utilizada pelas mulheres que precisam esperar para fazer a cirurgia plástica. É preciso conversar sobre os senti-

> Com o fim do tratamento, você pode ter vontade de fazer mudanças na forma como cuida de si mesma. Que tal pensar novamente nos pilares do autocuidado e agora colocar no papel o que gostaria de pôr em prática para continuar cuidando da sua saúde? Participar de grupos com interesses em comum, como caminhadas, aulas de culinária saudável, ioga, meditação, dança, é bom para começar a manter hábitos saudáveis.

mentos a respeito da imagem corporal e como isso afeta cada relação, inclusive as relações íntimas – situação em que as próteses dos sutiãs não servem.

Ainda quando decide ser operada para colocar limites na evolução da doença, o que traz segurança, a mulher pode encarar a cirurgia como uma mutilação, mesmo que parcial, e essa visão pode inibir a aproximação física – além, é claro, da sensação física de dormência ou dor. As mamas são culturalmente supervalorizadas e consideradas símbolos sexuais importantes. A perda de parte delas é um luto que pode vir acompanhado de depressão, deslocamento, agressividade – mas que ainda assim pode ser vivenciada de forma positiva, como algo que também devolve a vida e a saúde.

A reconstrução da mama, ou seja, colocar próteses de silicone ou mesmo usar parte do próprio corpo para refazer o volume da mama, apesar de ser possível na maioria das vezes, em algumas situações não acontece de imediato, pois pode haver casos em que é preciso fazer outros tratamentos (quimioterapia, radioterapia etc.), antes do estético. Ainda assim, é algo que geralmente contribui para melhorar a autoimagem e o senso de feminilidade, e também pode auxiliar na retomada ou na melhora das relações sexuais, mesmo quando a sensibilidade erógena na pele da mama não retorna.

Há ainda outras adversidades a enfrentar. Quando são necessários tratamentos como quimioterapia ou radioterapia, pode acontecer queda de cabelo e também dos pelos das sobrancelhas e do resto do corpo, e essa modificação pode trazer sentimentos negativos, de inadequação da imagem à idade ("jeito de criança") e fragilidade. Esses tratamentos também podem induzir à menopausa precoce, que provoca secura vaginal e queda do desejo sexual. Esse coquetel de problemas físicos é realmente um desafio para qualquer relacio-

namento. O parceiro ou parceira precisam estar atentos para o que isso representa, e o casal deve procurar ajuda, se houver dificuldade para lidar com o problema. O auxílio pode vir de qualquer profissional de saúde especialista em função sexual, como o médico e o psicólogo. Conversas com grupos de mulheres que estão sob tratamento podem ajudar a entender como as pessoas encontram soluções para os problemas.

Uma questão importante, e que depende diretamente da idade da mulher, é a capacidade de ter filhos depois do câncer de mama. A quimioterapia é tóxica para o ovário, o que quer dizer que, pelo menos temporariamente, a capacidade de ovular é interrompida – e ainda não é possível prever por quanto tempo. Muitas vezes, durante a quimioterapia, utilizam-se medicações que ajudam a preservar a função ovariana para após o término do tratamento.

Quanto à hormonioterapia, dependendo da idade, do tipo e esquema de tratamento proposto ela pode provocar menopausa precoce e também pode ameaçar o sonho de ter filhos. Portanto, as preocupações das famílias de mulheres mais velhas com câncer de mama são diferentes daquelas em que o câncer chegou mais cedo: para umas, ter filhos não é mais tão importante, enquanto para outras a infertilidade pode ser uma

> *Alguns pacientes apresentam ganho de peso após o término do tratamento de câncer de mama, ocasionado pelos corticoides e pelo tratamento hormonal. A longo prazo, esse ganho de peso aumenta o risco de desenvolvimento de doenças cardiovasculares. Portanto, esforços devem ser realizados no sentido de manter uma alimentação saudável e praticar atividade física, a fim de manter o peso corporal adequado.*

notícia devastadora. Atualmente, para as pacientes que ainda desejam vivenciar a maternidade no futuro, quando possível e necessário, pode-se pensar em um tratamento para realizar um "estoque" de óvulos ou até mesmo o congelamento de embriões antes de iniciar o tratamento medicamentoso (sistêmico).

> Em nome da segurança e da preservação da vida, algumas mulheres consideram inclusive a retirada das duas mamas preventivamente — algo que tem sido mais comum principalmente nas que têm a mutação do gene BRCA, que aumenta o risco para desenvolver o câncer de mama. Os estudos disponíveis até o momento mostram que as pacientes que foram submetidas a essa retirada da glândula mamaria bilateral geralmente estão satisfeitas com a própria decisão, mas é preciso saber que algumas vezes esse tipo de cirurgia pode implicar em cirurgias de "retoque" estético adicionais.
> Em caso de câncer em uma das mamas, a retirada preventiva da segunda mama reduz em cerca de 90% o risco de recorrência do câncer, pois não há mais quase tecido de mama para desenvolver tumor.
> Porém os estudos até agora não comprovaram um benefício efetivo na retirada da mama contralateral em termos de ganho na curabilidade da doença com exceção das pacientes com mutações genéticas conhecidas, como a mutação no gene BRCA 1, por exemplo, pois nessa situação a chance de desenvolver outra doença na mama remanescente se torna muito grande com o passar dos anos, independentemente do tratamento realizado para tratar a mama doente.

Atualmente, já é aceito que as pacientes que estão na pré-menopausa e utilizam o tamoxifeno (hormonioterapia) interrompam o tratamento medicamentoso para engravidar. Porém essa interrupção do tratamento para vivenciar uma gravidez ainda está em estudo, ou seja, no momento ainda não se tem uma resposta precisa para isso.

Mulheres que passaram pelo câncer de mama precisam conversar com a equipe de saúde para compreender melhor como deverá ser a vida no futuro: mudanças de estilo de vida, incluindo nutrição (pode ser que alguns suplementos sejam indicados) e exercícios, assim como cuidar do restante do corpo (incluindo a saúde do coração e a saúde sexual), além de saber quais os exames periódicos obrigatórios. Quem tem indicação para usar hormonioterapia (como o tamoxifeno, inibidor de aromatase ou outros tipos de bloqueadores ovarianos) deve solicitar ajuda caso haja efeitos colaterais, como ondas de calor. Se isso ocorrer, é melhor adicionar um tratamento para os "calores" do que interromper a hormonioterapia.

> *Evite uso de chás, ervas e extratos fitoterápicos (ou seja, extratos de plantas) sem o conhecimento de seu médico. Não existe um alimento "milagroso" no combate ao câncer, e sim um padrão de alimentação saudável e balanceado que deve ser adotado de forma individualizada. Na dúvida, procure um nutricionista ou médico nutrólogo com experiência em câncer para obter maiores esclarecimentos.*

> *Nem todos gostam do termo "sobrevivente", mas é importante saber que a fase de pós-tratamento é reconhecida mundialmente e que há cuidados específicos para quem terminou o tratamento. É importante atentar para a parte psicoemocional. Se você não se sente preparada emocionalmente para retomar suas atividades anteriores, saiba que não está sozinha.*

Após o tratamento principal, a vida continua. É muito bom planejar a rotina e tudo o que precisa ser feito para conservar a saúde: um verdadeiro plano para a vida após o câncer. As mesmas recomendações feitas para reduzir o risco de desenvolver câncer de mama pela primeira vez – fazer atividade física, controlar o peso, reduzir o consumo de açúcar e de álcool – continuam valendo para quem já teve a doença. Porque essas medidas também reduzem o risco de o tumor voltar. De quebra, essas medidas fazem com que se melhore a qualidade de vida. Quem mantém o peso e faz exercício fica e se sente mais forte. E procurar ajuda psicológica é sinal de força e sensatez: o diagnóstico e o tratamento do câncer de mama causam enorme estresse para todas as mulheres, e a recuperação completa só acontece vários meses após o final do tratamento.

> Para algumas pessoas, esse é um momento de repensar a vida, rever as prioridades, os propósitos e fazer novas escolhas. Procure alguém para ajudá-la nisso. Pode ser um profissional, como um psicólogo, ou um grupo de pessoas que passaram por uma experiência como a sua, um bom amigo ou amiga, enfim, saiba que há caminhos!

> O risco de desenvolver câncer de mama é cerca de 30% menor em mulheres com atividade física intensa, especialmente depois dos 50 anos de idade. Além disso, exercícios de vários tipos comprovadamente reduzem a depressão.

10 Mitos sobre o câncer de mama

Rumores se espalham pela internet com a maior facilidade. Vamos tentar resolver questões frequentes.

O exercício físico diminui o risco de câncer de mama?

Alguns estudos sugeriram que ao menos 150 minutos de exercícios físicos semanais podem reduzir o aparecimento de neoplasia mamária, independentemente do estado menopausal.

O consumo de bebida alcoólica aumenta o risco de câncer de mama?

O consumo de bebidas alcoólicas está associado com o aumento do risco tanto em estudos epidemiológicos como em modelos animais. A principal hipótese é o efeito carcinogênico dos metabólitos do álcool, porém, outras teorias sugerem interferência no metabolismo do estrogênio ou deficiências nutricionais. Em uma análise de vários estudos, demonstrou-se o aumento de 10% no risco para cada 10 gramas de álcool consumidas continuamente (obs.: 1 taça de vinho = 14 g de álcool). O estado menopausal e o tipo de bebida parecem não influenciar.

O uso de desodorantes e de outros cosméticos axilares aumenta o risco de câncer de mama?

O risco de substâncias antitranspirantes é talvez uma das dúvidas mais frequentes entre as pacientes. Hipóteses sobre esta relação são altamente populares em publicações leigas e também em algumas científicas. Alguns estudos relacionaram o maior número de tumores em quadrantes superolaterais (área da mama mais próxima da axila) com o uso dessas substâncias, e outros atentaram para o potencial carcinogênico de alguns compostos dos produtos. Mas vale lembrar que a maioria dos tumores mamários ocorre nessa região da mama porque lá está a maior concentração de tecido glandular. O uso de cosméticos não altera essa incidência. Em revisão dos principais estudos sobre o assunto, não se encontra associação entre os cosméticos usados na axila e o aumento do câncer de mama.

Um tumor pode ser causado por um trauma, por exemplo, uma pancada durante uma batida de automóvel?

A batida pode formar um caroço, que, em exames rotineiros, se assemelha a um câncer, mas é benigno. Outra coisa comum é que, a partir do choque, a preocupação da pessoa aumente e, por meio do toque mais frequente ou outro exame, ela possa descobrir um nódulo que já estava presente em seu corpo.

É melhor ter vários nódulos do que um só?

Estudos indicam que o fato de ter um ou vários nódulos não influencia na gravidade da doença. É importante lembrar também que nódulo nem sempre é câncer.

Alimentos cozidos em forno de micro-ondas podem provocar câncer?

As micro-ondas não tornam o alimento radioativo, nem apresentam risco de exposição à radiação, desde que usadas de acordo com as instruções. A exposição a altas doses de radiação por micro-ondas pode ocasionar problemas, mas a pequena quantidade que pode vazar de um forno caseiro não é perigosa.

Homens podem ter câncer de mama?

Verdade, mas em casos muito raros. Apesar de o número de casos em homens ter aumentado 25% nos últimos 25 anos, o índice correspondente ao sexo masculino ainda é muito pequeno, sendo que os homens beiram entre 0,6 e 1% dos casos totais de câncer de mama. Alguns fatores comuns que desencadeiam a doença são os genéticos, ambientais (exposições, local e tipo de trabalho), hormonais (alterações ou uso de hormônios) ou alguns outros fatores como a infertilidade, orquite, entre outros.

A amamentação ajuda a prevenir o câncer de mama?

Com toda a certeza é verdade, pois, com a produção de leite, as células mamárias se mantêm ocupadas e, assim, tendem a se multiplicar em menor escala, o que dificulta os riscos de se contrair a doença.

Mãe com câncer na mama pode amamentar o bebê?

Sim, pode, no entanto, neste caso, é preciso procurar auxílio e orientação médica, já que a doença ou os próprios tratamentos podem dificultar a amamentação. Mas nada impede que uma mãe com câncer unilateral (em apenas uma das mamas) use a outra mama para amamentar.

O câncer de mama é incurável?

Não, felizmente isso é um mito hoje em dia, graças aos avanços da medicina. Estima-se que 95 a cada 100 mulheres têm chances de cura, quando há um diagnóstico precoce.

Mas, claro, tudo também depende, em grande parte, da paciente se manter atenta a seus fatores de risco e regularmente ir ao médico especialista para ter orientações. Assim, quanto mais cedo o câncer for identificado, maiores as chances de cura e de receber um tratamento menos agressivo.

Gordura ou excesso de peso pode causar câncer de mama?

De acordo com estudos realizados, mulheres na pós-menopausa que possuam excesso de gordura em sua dieta e estejam acima do peso ideal têm mais chances de desenvolver câncer de mama do que aquelas que mantêm uma alimentação saudável e peso proporcional.

O uso do sutiã pode aumentar o risco de câncer de mama?

Não, afinal, não existem estudos que comprovem a ligação entre ambas as coisas.

Mulheres com seios menores têm menos chances de desenvolver câncer de mama?

Nesse caso, tamanho também não é documento. Para que uma mulher desenvolva câncer de mama, basta que possua mamas, ou seja, qualquer uma corre esse triste risco.

Câncer de mama é hereditário?

O câncer é uma doença que resulta da interação entre fatores ambientais e genéticos do indivíduo. Entretanto, uma parcela pequena dos tumores malignos é considerada hereditária (até 10%); a grande maioria, cerca de 80% dos casos considerados esporádicos, está correlacionada a múltiplos fatores, que agem em conjunto ou até individualmente (tabagismo, hábitos alimentares, infecções, exposição solar etc.).

Estresse, depressão e outros problemas psicológicos podem causar câncer (ou agravar a doença)?

Alterações no sistema imunológico podem predispor ao aparecimento do câncer, e existem alguns estudos que relacionam o estresse, a depressão e outros distúrbios psicológicos a alterações no funcionamento do sistema imunológico do indivíduo. Entretanto, o nexo causal direto entre o estresse e a depressão com o aparecimento do câncer ainda não foi demonstrado. No paciente já diagnosticado com câncer, esses sintomas podem levar a uma dificuldade maior para enfrentar o tratamento e ser um empecilho para o sucesso terapêutico e melhoria de qualidade de vida.

Depilar a axila causa câncer?

Histórias foram divulgadas sobre o risco de câncer de mama entre mulheres que costumam depilar as axilas. Isso não faz o menor sentido: retirar os pelos da axila não provoca câncer de mama.

Implantes mamários: as próteses de silicone provocam câncer de mama?

A cápsula fibrosa que se forma em volta do implante pode fazer com que o tecido fique mais duro e dificulte, mas não impossibilite, a realização das mamografias, porém, existem técnicas mamográficas que permitem visualizar melhor a mama no exame de quem tem próteses, além de podermos recorrer ao auxílio de outros exames, como a ressonância para mamas e a ultrassonografia mamária, caso seja necessário.

Atualmente, existe uma correlação do uso de próteses texturizadas com um tipo específico de linfoma de células gigantes anaplásicas. No mundo, foi relatado um número muito pequeno de casos com relação à porção de usuárias de próteses. A recomendação a essas usuárias de próteses texturizadas é de que façam o monitoramento regular e periódico das mamas com um mastologista.

Esse tipo de linfoma, quando diagnosticado em fase precoce, pode ser tratado e geralmente tem 100% de cura.

Uma dieta inadequada pode ser responsável por pelo menos 50% dos casos de câncer?

A dieta, juntamente com diversos outros fatores ambientais (tabagismo, exposição solar, infecções etc.), está relacionada ao aparecimento do câncer. É difícil dizer exatamente qual a porcentagem de contribuição de cada fator nos diferentes tipos de tumor, mas uma dieta adequada e saudável pode colaborar significativamente para prevenir alguns tipos de câncer.

Um nódulo é necessariamente um câncer?

Um nódulo pode ser um tumor benigno ou até mesmo uma lesão não tumoral.

Todo tumor é um câncer?

Existem tumores benignos e tumores malignos. Somente estes últimos são sinônimos de câncer.

O câncer causa esterilidade em homens e mulheres?

De uma forma geral não, mas os tratamentos relacionados ao câncer podem levar à esterilidade.

Existe de fato a espera por um período de cinco anos para garantia de que a pessoa não terá mais a doença?

Não existe um período arbitrário definitivo, mas a chance de recidiva do tumor, de um modo geral, diminui com o passar do tempo, a partir do tratamento.

Essa chance pode variar em número de anos, conforme o subtipo do tumor de mama.

É verdade que, quando o câncer aparece novamente, a doença já não tem cura?

Cada situação deve ser individualizada, e, em vários casos de recidiva, a doença ainda é potencialmente curável.

A quimioterapia e a radioterapia fazem mal às pessoas?

A quimioterapia e radioterapia podem levar a efeitos colaterais específicos, mas que, na maioria das vezes, são manejáveis. Essas formas de tratamento fazem parte do arsenal terapêutico no combate ao câncer e deve-se discutir com o paciente o risco-benefício de sua utilização.

Há alimentos que previnem o câncer? Quais?

De um modo geral, ainda faltam evidências incontestáveis de que uma dieta pobre em gordura saturada, rica em frutas, verduras e fibras diminui significativamente a incidência de câncer, apesar de alguns estudos preliminares apontarem para essa associação.

A pílula anticoncepcional provoca câncer

Não existem dados definitivos que permitam uma associação de risco entre o uso de pílula anticoncepcional e o aumento da incidência de câncer de mama, por outro lado, o uso da mesma está associado a uma diminuição do risco de desenvolvimento de câncer de ovário.

Já a terapia de reposição hormonal na pós-menopausa aumenta o risco de desenvolvimento de câncer de mama.

É verdade que o câncer é contagioso?

Não!

É necessário fazer mamografia todo ano?

Dentre as várias recomendações, acreditamos que, no Brasil, a melhor seria iniciar o rastreio a partir de 40 anos, quando não há histórico pessoal e familiar de câncer de mama e de ovário. A partir dessa idade, recomenda-se o exame clínico e a mamografia anual.

> Cuidado com notícias falsas veiculadas na internet atribuindo poder de cura a alimentos específicos, como chá de graviola, chá verde, chá da folha de cebola, cogumelo do sol, extrato de babosa. Até o momento, não há nenhuma evidência científica de que esses chás curam câncer. Apesar de proporcionarem alguns bons efeitos na saúde, eles devem ser consumidos de forma moderada e sempre com conhecimento de seu médico.

O autoexame da mama todos os meses é suficiente para detectar o surgimento do câncer de mama?

O autoexame não é suficiente, mas é, de algum modo, uma forma de conscientização que a mulher deve ter de seu corpo, devendo se habituar a procurar um médico e fazer seus exames de rotina anuais.

Câncer tem cura?

Sim, é claro! Sabemos que, quanto mais precoce o diagnóstico, maior a chance de cura. Mas, mesmo no diagnóstico tardio, existem muitas drogas e tecnologias para o tratamento acontecer da melhor forma, proporcionando maior qualidade de vida aos pacientes.

Depoimentos

Os depoimentos aqui transcritos foram coletados por uma jornalista especialista na área da saúde, com um roteiro básico de perguntas, porém sem muita rigidez e objetividade na conversa. A ideia foi sempre deixar, tendo por base algumas questões específicas, que cada uma relatasse, à sua maneira e vontade, aquilo que achava mais importante de ser transmitido ou que, para ela, particularmente, tivesse maior relevância. A conversa foi franca, tranquila e totalmente flexível, no sentido de que cada uma levasse as respostas ao rumo que desejasse. As pacientes aqui referidas foram selecionadas aleatoriamente, dentre as várias que estavam em tratamento ou que realizavam seu seguimento pós-tratamento. Elas foram escolhidas pela disponibilidade e vontade pessoal de revelar sua experiência.

Entre essas pacientes, nem todas estavam sendo ou foram tratadas por mim. Além disso, todas as iniciais e nomes foram alterados, respeitando a confidencialidade de cada uma.

Aproveito mais uma vez para agradecer cada uma das pacientes que dedicaram seu tempo para fazer essa narrativa intensa, emotiva e sincera.

M.H., 38 anos, empresária

Não há nenhum caso de câncer de mama na minha família, mas tenho câncer. E sempre fui encanada com isso, sempre fui muito ao médico, e até os exames preventivos eu fazia a cada seis meses. Um dia, achei um nódulo no seio e, imediatamente, fui consultar um médico. Ele falou que parecia não ser nada, porque eu me cuidava bastante, fazia muito exercício, me alimentava corretamente, tive parto normal e amamentei. Fiz o exame e apareceu que era um nódulo de gordura, portanto, não era preciso me preocupar. Bem, voltei para casa e o tempo passou. Percebi que o nódulo foi aumentando, e a pessoa que faz massagem em mim também notou. Aí marquei outra consulta. Acabei tendo uns quatro desencontros com o médico, e passaram-se os meses de março, abril, maio. Daí, quando já estava bem grande, parecendo que tinha até um "filhinho" do lado, insisti para que o médico examinasse. Ele me disse, brincando, que eu tinha mania de doença, mas teimei que queria que ele visse. Ele é meu médico há muitos anos e fez meus partos. Bom, era Dia dos Namorados, eu tinha planejado ir ao shopping comprar um presente para o meu marido, com minha secretária, e passei no hospital. Aguardei, e ele me atendeu, levando ainda o exame que eu havia feito, que mostrava o nódulo de gordura. Na hora em que me examinou e apalpou o lado esquerdo, sua cor mudou: ele ficou branco. Ele é muito calmo, então, franziu o rosto e disse: "Meu Deus, como puderam dar o diagnóstico de que isso não era nada?". Eu já sabia que tinha alguma coisa, já sabia o que era. Ele perguntou se doía, eu disse que não. Comentou que o nódulo tinha aumentado muito de tamanho e que, no dia seguinte, um sábado, ele ia abrir o local para tirar um pedaço e examinar. Fiquei desesperada, liguei para o meu marido chorando. Meu Dia dos Namorados havia acabado.

No dia seguinte, foi feito o procedimento, e ele pediu que o material fosse levado a um laboratório em São Paulo, para análise. O resultado acabou demorando dez dias para chegar, e esse intervalo de tempo representou uma angústia sem fim. O médico disse que, quando abriu para retirar o material, ficou mais tranquilo, porque parecia mesmo nódulo de gordura. Então, apeguei-me a isso e achei que estava tudo bem mesmo, confiei nisso. No dia em que fui saber o resultado, ele me disse que era mesmo um tumor maligno, com células superagressivas, o qual tinha crescido quase 200% em dois meses. Perguntei-me onde havia errado: tinha 37 anos, quis ter meus dois filhos de parto normal, amamentei os dois, fazia exercícios por duas horas cinco vezes por semana, alimentava-me com arroz integral, pão integral, ricota, grelhados, leite sem lactose. Além disso, não comia doce, bebia pouco, não fumava. Onde eu errei? Fazia tudo corretamente... Ele me olhou e não sabia nem o que falar. Disse para eu ir a São Paulo o mais rápido possível, no melhor mastologista que conseguisse. Eu só pensava nos meus filhos... Como Deus me dava dois filhos e não me permitia criá-los? Só pensava nisso e no que aconteceria com eles.

Já dentro do carro, reuni forças e me perguntei: por que isso está acontecendo comigo? Sou uma pessoa boa, não desejo mal a ninguém, por que logo comigo...? Sou cheia de saúde, adoro viver. Cheguei em casa, peguei um litro de uísque, um cigarro, e fiquei lá fumando, bebendo e chorando. O telefone tocava, e eu não queria falar com ninguém. Chorei, chorei por uma hora e meia... Aí falei: "Acabou". Levantei, pois precisava viajar no dia seguinte, então escovei os dentes, liguei para o meu marido, que estava no Rio, e disse que me encontrasse em São Paulo no dia seguinte. Contei que estava doente, e ele caiu no choro. Falei que a gente ia se encontrar para ir ao médico. Eu estava tentando manter o controle, porque sou sozinha, não tenho mais pai nem mãe, somos só eu, meu marido e meus filhos. Organizei tudo na empresa, chamei o advogado, deixei uma procuração, dei orientações e, por fim, reuni todo mundo e falei que ia para São Paulo refazer meus exames. Eu tinha uma obra inteira de um *home center* para acabar e não podia causar alarme.

Mandei fazer uma mala grande, para pôr um pouco de cada roupa, porque não sabia quando voltaria, o que aconteceria. Liguei para um médico que conhecia em São Paulo e pedi a indicação do melhor mastologista. Ele ficou de marcar a consulta para mim. Eu não sabia a extensão da doença. Pedi para Deus que não fizesse isso comigo. No dia seguinte, reuni todo mundo no meu escritório, disse que precisaria que eles tocassem a obra para mim, que talvez voltasse só para inauguração e que aquela era uma obra importante na minha vida. Todo mundo deduziu que eu estava doente. Todos começaram a chorar.

À noite cheguei em São Paulo e meu marido estava me esperando no aeroporto. Pensei: "Nossa, estou doente mesmo, pois tantas vezes vim a São Paulo, feliz da vida, para encontrá-lo e ele nunca foi me esperar no aeroporto... foi preciso eu ficar doente para isso acontecer". Daí, comecei a notar que tinha alguma coisa acontecendo mesmo. Chegamos ao hotel e ele tinha feito uma reserva no restaurante. Fomos jantar, tomar champanhe. Na sexta, consultei-me com o Silvio. Falei a ele que eu era guerreira e que, se tivesse alguma chance, iria lutar. Mas, que se não houvesse qualquer possibilidade de cura, não queria que ficasse judiando de mim, me cortando, me testando... Queria passar meus últimos dias com meus filhos. Ele disse que precisava de mais detalhes, de mais exames, para saber a extensão da doença. Falou para eu aproveitar meu fim de semana, mesmo que isso fosse estranho, e que na segunda-feira me internaria. Nesse meio-tempo, enquanto ele me explicava, meu marido quase desmaiou no consultório. Daí, no sábado, fui comer feijoada, fui ao teatro. E, no domingo, fui a uma churrascaria. Coisas que nunca fazia. Quase morri de tanto comer. Na segunda-feira me internei e, na terça-feira, fiz os exames. Meu marido tinha viajado para buscar meus filhos, pois eu precisava deles.

Quando o doutor Silvio entrou no quarto em que eu estava e me disse que meu tumor era localizado, chorei de alegria. Como a prioridade da gente muda... Há uma semana, chorava porque tinha câncer e agora estava chorando de alívio, porque o tumor era localizado, sendo possível fazer a cirurgia e tirá-lo. Ele falou que não sabia ainda se teria de fazer mastectomia ou não. Ele ia extrair o tumor e, se precisasse, faria a reconstrução. O que ele falasse para mim, na hora, estaria bom. Mas o Silvio é uma pessoa muito sensível, que se preocupa com a gente como um todo. Então, explicou-me tudo. E falou que precisaria fazer logo a cirurgia. Disse que poderia fazer o corte lateral ou pela aréola, que daria mais trabalho, mas que ficaria sem marcas. Imagina quanta informação de uma vez só, e sem meu marido lá para ouvir também. Falei ao Silvio que ele fizesse o que fosse melhor. Nessa hora, o médico vira um Deus na sua vida. Temos confiança plena de que ele está ali para eliminar a doença.

No fim, não fiz mastectomia, pois ele realizou a cirurgia pela aréola e esvaziou a axila, tirando todas as glândulas. Não tenho marca nenhuma. Quando eu for trocar minha prótese de silicone, vou pedir para ele fazer, pois ficou perfeita. Fui para casa com dreno, porque estava drenando muito. Voltei para casa, para minha amada obra, com dreno e tudo.

Retornei ao consultório para tirar o dreno, e fui encaminhada para o doutor Rafael, com quem começaria a quimioterapia. O tratamento seria feito através de um aparelho que é colocado no peito, por meio de cirurgia. Muita coisa foi mudando na minha vida, e um monte de novidade surgindo, mas até aí tudo bem. Eu estava maravilhada de não ter feito mastectomia. Achava que tinha o pecado da vaidade e que Deus estava me castigando por ser muito, muito vaidosa. Achava que ia ficar mutilada para deixar de ser tão, tão, tão vaidosa... que deveria aprender alguma coisa com tudo aquilo. Mas não mudei nada, continuo vaidosíssima. O Rafael disse que meu cabelo ia cair. E meu cabelo era loiro, na altura da cintura, lindo, lindo, lindo. Comprei uma peruca, paguei R$ 5 mil reais. Era igualzinha a meu cabelo natural, mas não me adaptei a ela, pois sentia muito calor, e acabei usando uma sintética, curtinha e ruiva. Não passei mal com a quimio, não tive enjoo, comia superbem; a única coisa que ocorreu foi na minha boca, que ficou machucada. Eu mesma aplicava minhas injeções, para aumentar a imunidade. Era muito complicado ir lá para fazer as aplicações, então pedi que me ensinassem, e eu mesma aplicava na barriga, na perna. A gente aprende. Antes disso tudo, eu não conseguia nem tirar sangue, só para ter uma ideia da mudança que ocorreu.

O primeiro ciclo do tratamento foi tranquilo, minha vida corria normal, continuava trabalhando. No segundo ciclo, comecei a sentir muita dor nos ossos, na perna, no corpo todo. Ficava muito mal, tomava muito remédio, pois doía demais. O terceiro ciclo foi insuportável, tomava remédio de seis em seis horas, mas gritava de dor. Liguei chorando para o Rafael, e ele ficou muito preocupado. Aí ele suspendeu a última sessão, afirmando que os benefícios não compensavam os malefícios. Então, fui fazer radioterapia, e foi bem tranquilo.

Quando meu cabelo caiu, tentei não contar aos meus filhos. Mas nunca tinha mentido para eles e em casa a gente sempre teve muita liberdade para conversar. O meu filho tinha 9 anos e a minha filha, 5 anos. Quando resolvi contar para eles, falei que tinha ficado doente, feito uma cirurgia e que o tratamento para eu me curar fazia cair o cabelo. Tirei a peruca e meu filho agiu normalmente, mas minha filha ficou meio perdida, achou estranho, e seus olhos encheram d'água. O menino olhou para mim e disse: "Mamãe, você é linda de qualquer jeito!". Depois disso, toda hora eles queriam passar a mão na minha carequinha e ver como estava, até que minha falta de cabelo acabou virando piada. Reagiram muito bem. E isso me deu força. Além do que, eles se interessavam bastante pelo assunto da doença. Na escola, quando alguém fala de câncer, meu filho logo se interessa. Um dia, ele disse que ia pedir o endereço do meu médico para passar a alguém que estava com câncer. Certa vez, disse que, se fosse adulto, iria pedir que descobrirem uma quimioterapia mais rápida, para as pessoas não sofrerem tanto. Eles me protegiam, cuidavam de mim... o cuidado deles foi muito importante. Não tem nada que pague o fato de eu ter sido sincera com eles e de eles terem reagido tão bem e me ajudado tanto.

Terminei meu tratamento no fim de fevereiro e vou fazer exames a cada seis meses com o Silvio e a cada três meses com o Rafael. Agora quero tirar umas férias e levar o trabalho de uma ONG em que o Rafael atua para Rondônia, porque eles ajudam as mulheres carentes, dão assistência jurídica, fazem reconstrução da mama.

Eu não sofri tanto porque fazia uso de remédios muito caros. A minha realidade e a das pacientes que podem chegar até o Silvio, é outra. Tive acesso ao melhor médico, ao melhor hospital e aos melhores remédios. Todos os remédios que tomei, antes e depois da quimio, eram caríssimos. Cada vez que ia à importadora buscar, levava uma sacolinha que custava entre R$ 3 mil e R$ 4 mil reais. Minha realidade é bem diferente. E os dados que a ONG transmite para a gente são assustadores. As mulheres não conseguem sequer ter acesso à mamografia, ao ultrassom, por isso quero levar a ONG para lá. Deve existir um porquê de eu ter passado por isso. Não sei qual é, mas se de repente foi para isso, para que pudesse ajudar outras pessoas, quero fazer a minha parte.

É preciso ter paciência com as pessoas. Foi muito engraçado também o preconceito que sofri por estar bem durante o tratamento. Era quase obrigatório que eu estivesse na cama. Se você está com câncer, as pessoas acham que tem que estar mal. Algumas me olhavam quase com raiva por estar bem, trabalhando, bonita. Pessoas conhecidas não entendiam como eu podia estar fazendo tratamento e não estar na cama, doente, estressada ou com depressão. Parece que quem tem câncer não pode estar feliz, bonita, gordinha, fazendo festa de aniversário, como eu fiz. As pessoas não se conformavam com aquilo e tinha quase que me desculpar por estar bem. As pessoas são muito ignorantes em relação ao câncer, como se estivéssemos condenadas à morte. É isso. Digo que *tive* câncer, e não entendem. "Teve e não tem mais?", elas perguntam. É uma ignorância total. Até as besteiras que se ouve sobre massagem, sobre não poder drenar para não juntar água. Falaram que eu não podia drenar, que não podia fazer massagem enquanto estava submetendo-me à quimioterapia, porque iria espalhar a doença.

Quando coisas desse tipo acontecem, nossos conceitos mudam muito e não queremos deixar nada para amanhã. Eu vivia um momento de conto de fadas: tinha um corpo perfeito, lindo, do jeito que tinha desejado a vida inteira, tinha um marido que amo, filhos saudáveis, o *home center* que sempre quis. Estava tudo perfeito... tinha planos de comprar um presente para o meu marido no Dia dos Namorados. Mas, ao me consultar com o médico, meu conto de fadas desmoronou. O meu mundo acabou, as coisas mudaram. Estava bem e, de uma hora para outra, podia morrer. Então, agora procuro curtir mais a vida, não deixo nada para depois. Vou para a academia, para a drenagem, e não me sinto mais a última das mulheres porque não estou às 7 horas da manhã na empresa para trabalhar. Eu era *workaholic*. Agora estou mais tranquila. E também mais religiosa. Isso não tem explicação, a não ser através de Deus. Mesmo que eu não acreditasse em Deus, depois de tudo isso, teria que passar a acreditar. Não tem como explicar. Há momentos em que paro e percebo que a sensação que tinha, muitas vezes, era de que não era eu... era como se estivesse sentada num barranco, olhando acontecer tudo aquilo, mas com outra pessoa.

Você sente que, por mais que tenha amigos, ame e seja amada, a sua vida é só sua. Aquela vida que de repente desmoronou é sua. A vida de mais ninguém para junto com a sua. As pessoas sentem, rezam, oram, choram, mas a vida de ninguém para por você só porque ficou doente. Isso é algo de que a pessoa tem de se conscientizar.

Meu marido foi um companheirão. Mas fiz meu tratamento na maior parte do tempo sozinha. Porque, entre mim e meus filhos, preferi que ele desse prioridade a eles. Nessa minha guerra tive de optar: ou meus filhos ou eu. Não tinha dúvidas de que eles eram mais importantes. Precisava que meu marido cuidasse deles, pois estavam mais carentes. Meu marido não podia me acompanhar sempre.

Fiz sozinha meu tratamento. Fiz sozinha a cirurgia. Passei mal, porque tomei duas anestesias gerais em menos de quarenta dias e, na terceira, não tive uma boa reação, acordei amarrada na cama. Nesse dia me senti muito sozinha, chorei, fiquei mal.

Sei que muitas pessoas teriam vindo me acompanhar durante o tratamento, mas não podia fazer ninguém parar tudo para ficar comigo. Meu marido esteve do meu lado. Sei que há muitos casos em que o marido abandona a esposa. Mas meu marido, não. Ele tinha momentos de angústia, chorava e eu percebia tudo isso. Mas ficou do meu lado. Ele sentia medo de perder a companheira, a mãe dos seus filhos. Mas estamos bem, sobrevivemos. Tenho muita sorte por isso também.

Fiz terapia durante muito tempo na minha vida e, durante o tratamento, cheguei a ir algumas vezes ao psicólogo, mas falo que trabalhar é a melhor terapia. Trabalhei bastante durante o tratamento, cuidei dos meus filhos, da minha casa e, assim, não tive muito tempo para ficar pensando. Fui "engatando" a primeira, segunda, terceira, quarta, quinta marcha, e estou aqui. Já voltei para a academia, perdi 15 quilos, estou bonita de novo. Mas não posso dizer que estou curada, isso só daqui a cinco anos.

Curto a vida, gosto de viver, nunca tive depressão. Quero viver, e minha vontade de viver é maior do que tudo... quero ficar boa.

Bom, quanto à minha libido, no fim do tratamento, ela foi zerando. Até pedi um remédio ao doutor Rafael, mas ele falou que não podia me indicar nada. Meu Deus, tanto tempo assim... Cheguei a pensar que ia ficar sem meu marido... Mas eu realmente não tinha desejo sexual e meu marido respeitou isso. Ele entendeu e isso foi importante e bom para mim. Eu não conseguia nem pensar em sexo. Acho que tinha a ver com meu corpo, com tudo. Agora, depois de retornar para a academia, emagrecer, voltei ao normal.

J.M.C., 58 anos, terapeuta

Tive um pólipo no intestino e fiz uma cirurgia, mas não tive que fazer tratamento. Estava começando a voltar a me sentir segura, a achar que tinha passado o vendaval, e dois anos depois tive o diagnóstico de câncer de mama. Foi assustador, porque não sabia a extensão da doença. Senti muito medo, achava que a doença já tinha se espalhado. E foi na consulta com o Silvio que tive uma dimensão desse medo, porque, até então, só havia passado com o ginecologista. O medo era muito grande mesmo.

Isso já tem três anos e meio. O resultado do exame eu vi pelo computador, às onze horas da noite. Meu marido e meus filhos estavam em casa. Contei para eles. Eu tinha feito uma punção e pensei que ia ficar tudo bem. Mas foi tudo muito conturbado. Liguei para o meu médico às onze horas da noite. O médico pediu que eu fosse ao consultório bem cedo, e foi aí que conheci o Silvio, que trabalha com ele.

Sou psicanalista, então me vêm muitas questões: Que doença é essa? O que será que eu me faço? É claro que, depois, você vai elaborando, mas surgem mil questões. Voltei para a análise e comecei a elaborar todas essas questões. Era muito difícil para mim falar sobre isso. Para mim, foi fundamental o processo da análise. Cada exame semestral que preciso fazer ainda é um processo e a análise é importante nesse sentido. Serve como apoio, para elaborar novos caminhos.

Por ser educadora e psicanalista, surge a questão do conhecimento, de querer ir em busca de respostas. Será que tudo isso faz efeito na hora? Confiar ou não confiar no médico? Eu não dava conta de procurar respostas.

Sempre me dava um pavor muito grande, cada vez que tinha que fazer exames, mas isso foi melhorando com o tempo, apesar de ainda hoje sentir medo do que pode surgir. Já passei por todas as situações no momento de ver os exames: abrir sozinha e não entender nada, abrir só com o médico, abrir antes e ficar pesquisando. Já faz três anos e meio que realizo um só exame, rotineiro, mas ainda é um momento difícil. Agora fico mais tranquila, principalmente depois de conferir que está tudo bem.

Operei, mas não fiz mastectomia total e me submeti a uma "radio" depois. Eu teria que estar mexendo de novo, a radio dá uma endurecida, isso me incomodava muito, não doía, mas eu sentia que tinha algo estranho. A questão estética não incomodava tanto, incomodava mais minha barriga do que meu peito. Mas esse peito parece que saiu de uma área de ter prazer, do corpo, do peito, para ser uma coisa que eu olhava e pensava se tinha alguma coisa, se estava estranho.

Fiz massagens. Na verdade, sempre fiz massagens, exercícios respiratórios, sou uma pessoa muito "natureba" desde a adolescência. Então muitas coisas não mudaram muito na minha vida, no sentido de cuidado. Antigamente eu tomava um pouquinho de refrigerante; hoje, eliminei totalmente. Chegou num ponto que eu eliminei qualquer coisa química. Foi aí que eu percebi que estava "fazendo sintoma", no sentido de que nada que possa me fazer mal eu quero comer, como se

o câncer surgisse por meio da comida. Como eu tenho quadro super alérgico, eu fui eliminando. Quando cheguei a uma nutricionista eu me dei conta que havia eliminado qualquer coisa química, por minha conta. Depois fui voltando ao equilíbrio, mas sempre fui natureba, meu marido fala que eu sempre faço minhas gororobas, com hortelã e não sei mais o quê. Então isso intensificou durante o período do tratamento e depois eu dei uma parada. Sempre fiz trabalho de consciência corporal, uma ginástica antiginástica. O que mudou é que fui para academia, nadar, fazer mais esportes. Antes era mais trabalho corporal do que força. Não adoro, mas estou nadando duas vezes por semana. Eu gostava mais anteriormente, de uma ginástica mais *light*. Eu fiquei numa posição de que tudo o que me faz bem, eu vou fazer. E antes era mais pelo prazer. Agora fiquei mais no sentido do que faz bem do que do prazer. Outro dia fui num cabeleireiro, eu estou perdendo cabelo e ele me disse que eu precisava comer arroz preto. Então comecei a comer. Eu fiquei assim: incorporo tudo o que me falam que faz bem.

Durante o processo acabou aparecendo, num momento de crise, uma intensificação com a religião. Depois voltei ao intelecto, comecei a questionar o que a religião estava encobrindo. Mas em muitos momentos eu me sentia bem em ir à sinagoga. Era um acolhimento. A religião me dava conforto, me sentia bem em ouvir as músicas e ficar olhando as pessoas, porque eu não sei rezar, não leio hebraico. Hoje, de vez em quando, eu vou porque acho gostoso ver, mas não é uma prática que eu consigo ter.

Cheguei a ter raiva também. De vir de situações familiares muito difíceis, de família anterior, pai, mãe, de me questionar porque eu não caí fora dos conflitos muito tempo antes. Passou tudo pela minha cabeça. Não foi uma coisa só. Será que isso tudo foi por causa do meio em que eu vivi, de brigas? Será que tem a ver? Vinham esses questionamentos. Será que eu é que produzi a doença? Será que é angústia? Na verdade, são vários fatores: hereditariedade, estilo de vida, estado emocional... mas, muitas vezes, tem uma questão de você achar que você fez, pelo estilo de vida, porque você está estressada, como se você pudesse estar controlando. Isso eu tive que elaborar muito. Eu ouço muito no consultório essa angústia: "Será que eu fiz?", e eu dou uma supercortada. Não se sabe, estamos muito aquém de saber o que a produz. Não dá para a pessoa, além de estar vivendo isso, achar que fez. E acho que na minha análise eu tive que rever muito a minha relação materna, o cuidado do outro, o se entregar ao cuidado do outro. E nisso passavam também muito as questões da medicina, de se entregar mesmo, porque nesse momento você fica muito à mercê de médicos. Você vira objeto de pesquisa, você precisa acreditar ou acreditar. Foi um processo de achar que o médico poderia ser mais acolhedor, e não estou falando só o do peito, mas o do intestino também. Na verdade, quem me ajudou foi a analista, que me falou que eu não poderia esperar isso de um cirurgião.

Meus filhos e meu marido foram ótimos. Acho que em cada crise eu tenho de pensar como é bom estar cercada. Minha filha, que vai ter bebê, foi de uma presença incrível, meu marido também. Meu filho estava viajando na época, mas ligava muito. Foi fundamental esse amor, esse carinho, esse "vai passar". Eu vivi o momento, sem projeções. Acordava, ia atender os pacientes. Trabalhei horrores, iniciei um trabalho com educadores de rua, que vinham ao consultório. Foi um período de trabalhar muitíssimo intelectualmente. Isso também foi fundamental. Meu consultório ficava cheio e eu ia, trabalhava, até me perguntava se eu devia estar trabalhando tanto. Mas para mim foi ótimo. A questão familiar, a questão do meu trabalho, a questão de uma volta para análise, que foi muito acolhedora.

E a massagem, de sentir de novo o corpo. Quando fez cinco anos do problema do intestino, eu fiz uma plástica. Comecei a pesquisar cirurgião plástico, fui com a empregada, ninguém em casa aguentava mais falar de cirurgia e hospital comigo. Fiz o peito, a barriga, e para mim teve uma questão simbólica muito grande, que era poder reolhar meu corpo não como um corpo doente, mas um corpo sensual. Meu marido foi "dez". Eu só descobri que o incomodava quando cheguei para ele e falei: "Sabe onde eu fui hoje à tarde? Fui a um cirurgião plástico". E ele falou: "Que bom!". Foi a única vez. Depois eu perguntei por que ele não me disse nesses anos todos que se incomodava. Ele respondeu que não se incomodava. Que era por mim. Esse cara ficou comigo, ficou do meu lado, dois dias no hospital, supercompanheiro. Tinha uma coisa estética nessa plástica, mas foi além da questão estética. Foi uma coisa de poder me olhar sem estar atravessada pela doença. Eu me olhava e tinha uma cicatriz enorme na barriga e no peito. E cada vez que eu entrava no chuveiro, eu olhava os cortes. Com o tempo, percebi também que mudaram algumas coisas, que meu guarda-roupa só tinha roupas largas. Quando tomava banho na academia, eu sentia o olhar das mulheres. Sair do chuveiro não era uma coisa tranquila, eu sentia que não podia me expor tanto. Sentia que era uma coisa direcionada à doença. Para mim o olhar do outro vinha em direção à minha doença. É bem uma coisa interna mesmo. O olhar presentificava a doença. Eu me olhava no espelho e só conseguia ver a doença. Foi quando decidi acabar com isso e fazer uma cirurgia. Hoje esse olhar está mais confortável. O meu olhar para mim está mais confortável. É poder se olhar de outro jeito.

Acho que eu já vinha numa preparação para o envelhecimento. Comecei a pintar, já pintava, queria ser uma velhinha que pinta. Já vinha isso. Quando a doença se intensificou, isso foi também muito importante. Eu penduro os quadros em casa, no consultório, eu gosto. Eu chego lá. Minha professora acha que eu devia começar a expor, mas para mim ainda está muito ligado à psicanálise. Com a pintura, eu cheguei a muitos lugares que eu não cheguei com a terapia. Sobre o meu corpo, sobre como eu estava me sentindo em relação ao meu corpo. Eu estava me sentindo meio monstro. Para mim, foi chocante quando eu vi como tudo se amarrou. Eu acho que a minha história se resumiu na pintura, quando eu vi que eu cheguei a um lugar aonde eu não chegava, aonde eu não conseguia chegar. E na pintura eu olhei e falei: "é isso", e aí se abriu a questão do corpo, de um corpo saudável, sem marcas. Eu vi que tinha pintado uma mulher-monstro.

Quanto ao médico, eu percebi que quem faz o guarda-chuva somos nós. Se eu preciso, eu vou atrás. Foi possível ver que o médico é humano, que tem limites. E que eu tenho que fazer o meu lado: se eu acho seis meses pouco, eu ligo, eu marco, eu vou. Eu fiquei mais ligada à minha necessidade. O negócio do intestino eu descobri porque achei que alguma coisa não estava legal, corri ao médico e pedi um exame. Estar ligada foi fundamental. O da mama eu descobri super no começo, num ultrassom de rotina, era de dois milímetros. Eu senti na hora que tinha algo, olhei para o médico, ele silenciou.

Acho que é algo que a gente aprende a conviver, mas não é uma coisa que zerou, virou a página. Acho que a gente fica com o olhar diferente. A morte fica mais próxima, a vida fica mais próxima. A gente fica com uma emergência de viver. Isso mudou muito. Não sei se não mudaria pela minha idade. Mas ficou mais presente. Os momentos são mais momentos, mas o medo sempre fica, ele não desaparece. Estou com 58 anos, sempre aparece alguma coisa nos exames, até pelo próprio envelhecimento. Se a gente fica só com a leitura médica é apavorante. Aí a gente pensa que está com 58 anos e já passou por duas, está bem. Tem que contextualizar.

K.L., 38 anos, empresária

Não tinha hábito de apalpar a mama até que um dia, assistindo à televisão, vi uma propaganda sobre o autoexame, decidi me apalpar e notei um carocinho. Demorei um pouquinho para ver o que era, achei que não era nada, passou uns dois meses e fiquei pensando se ia ao meu ginecologista de sempre, aquele desde a adolescência. Decidi não ir nele porque ele tem um perfil de médico que não gosta de dar exames exageradamente, acha que encarece o custo do sistema de saúde brasileiro, que pode trazer riscos de radiação... Então busquei na internet uma médica próxima de casa, agendei, falei de todas as minhas encanações e ela deu uma batelada de exames, entre eles os básicos, como mamografia e ultrassom. A mamografia não deu nada, porque tenho a mama jovem, mais densa, mas o ultrassom deu um carocinho com uma supercara de benigno, mas que o protocolo internacional pede para fazer biópsia. Aí levei os resultados naquele meu ginecologista que me acompanha e ele apalpou e falou que não pediria exame nenhum, que não tinha sentido nada. Aí eu sentei, falei que sentada dava para sentir melhor. Ele não me examinou de novo e foi ver os resultados dos exames. Disse que não tinha gostado muito da indicação de fazer biópsia, que não devia ser nada e mandou eu fazer um novo ultrassom na especialista que ele confiava. Fui lá, fiz, deu o mesmo resultado, parecia benigno, mandou biopsiar novamente. Fiquei entrando no site do laboratório na internet todo dia, mas não saía, eu superansiosa. Até que no dia marcado, uma hora antes do *deadline*, saiu o resultado e eu sabia que se estivesse escrito carcinoma seria câncer. E estava escrito carcinoma. Eu estava na casa da minha melhor amiga. Aí foi um susto absurdo, eu abracei ela e achei que aquele susto nunca mais ia passar. Aquele desespero mesmo. A gente foi para um bar na esquina, eu fiquei atordoada, liguei para o meu médico e ele falou que já tinha visto, que ia me ligar, e me recomendou um mastologista.

Na verdade, eu fui a três mastologistas, ele recomendou um que eu não gostei, porque foi muito frio, como se estivesse cuidando de uma unha quebrada, e eu lá desesperada. Fui a outro, que eu também achei um gelo, e fui ao Silvio, que foi quem eu mais achei que teve humanidade. Ele me disse que indicava que eu operasse logo, que a mama era pequena, que a proporção entre o tamanho do caroço e o tamanho da mama era o que indicaria se tiraria toda a mama ou não. E como a minha era pequena, era provável que tirasse ela toda e colocasse uma prótese de silicone. E assim foi: em uma semana operei.

A operação foi tranquila, não tive medo. Mas fiquei assim, instável. No primeiro mês, eu tive surtos de pânico. Eu passei um tempão tentando segurar minha onda, sem tomar remédio, mas chegou um dia que dei uma "arregada", que eu deprimi mesmo. Fiquei realmente mal. Tomei muitos antibióticos e tive muitas reações, muita sensibilidade, porque demorei para tirar o dreno, e eles ajudaram a me detonar. Fiquei semanas tomando antibiótico e eu surtava, de desespero. Fiquei com muito medo de morrer, muito carente, sem chão. Em estado de desespero mesmo. Fiz três quimioterapias, de nível médio. Tem gente que não passa mal, mas eu passei muito mal. De pânico. Senti muito enjoo, fiquei prostrada na cama alguns dias depois da quimio, mas o pior era o pânico, meu corpo sentia muito. Na primeira semana, meu marido, que morava em outra casa, falou para eu ir morar com ele, levar minhas coisas. Eu fui. Foi muito difícil para nós dois. Eu me sentia muito desamparada, precisando de muito mais do que ele podia dar, a gente começou a brigar muito, porque eu solicitava muito e ele também não sabia direito como lidar comigo. Eu tinha que pedir minha comida, tinha que pedir tudo. Aí na segunda sessão de quimioterapia, 21 dias depois, eu resolvi ir pra minha casa e chamar todo mundo que eu sentia mais próximo. Chamei minha mãe pra ficar um dia, minha melhor amiga pra ficar outro, meu marido pra ficar outro e assim foi. Foi uma lição de vida, no sentido de saber pedir ajuda. Achava que daria conta, mas não estava dando e foi acolhedor poder contar com todas essas pessoas por perto. Logo, também, fui fazer terapia com uma pessoa que já conhecia e achava maravilhosa. Daí pra frente eu fui melhorando muito rapidamente. Como foram só três sessões dessa quimio que me abalou bastante, passou rápido. Em dois meses e meio eu estava me sentindo mais leve.

Comecei a tomar antidepressivo e fiquei muito bem mesmo. As outras quimioterapias foram doze semanas de um remédio mais *light*, que não dava tanta reação. Eu tinha pânico em alguns momentos, mas aprendi a ser uma guerreira. Quando eu sentia que estava forte, que estava mais bem preparada, tipo "vem que eu tô podendo", eu conseguia dar conta. Quando eu ia muito coitadinha, me sentindo muito frágil, batia muito forte e eu me desesperava muito mais. Fui aprendendo a lidar com esses sentimentos e com as reações corporais, que são tudo uma coisa só.

Logo que eu soube que tinha câncer, minha mãe ficava me falando "Liga pra Fulana, liga pra Cicrana", todas mulheres jovens como eu que tinham tido câncer. Eu liguei e lembro que uma delas me falou: "Vou te dizer uma coisa que eu ouvi de uma amiga na época, que achei estranho, mas que só fui dar valor depois. Vai melhorar, vai ficar melhor do que era antes". E foi um processo bonito no fim das contas, porque eu vinha de anos e anos me estressando com muitas coisas pequenas na vida, com muitas bobagens mesmo, sem conseguir lidar de uma maneira satisfatória. Fazia terapia, mas nada resolvia as questões. E agora eu mudei da água para o vinho, mudei de uma tacada só. Nem digo que seja uma coisa consciente, mas foi olhar para o que interessa mesmo. Quando você bate de frente com as coisas, e eu acredito que a vida seja finita, que a gente morre e acabou, e não faltam muitos anos assim, pode ser que sejam bem menos, então deu outro gosto mesmo. Deu outro sentido para a vida. Eu ficava procurando uns sentidos meio equivocados, e hoje em dia é um sentido simples, óbvio, que é fazer com que cada dia seja muito bom, muito vivo, muito feliz.

No começo, para mim pelo menos, foi inevitável querer saber tudo sobre o assunto, querer me informar. E aí eu dei a sorte de receber uma indicação de um livro de uma amiga, que é um livro do Schreiber, *Prevenir-se*. É um pesquisador americano que teve um câncer de cérebro, tirou, continuou com uma vida de cachorro-quente e coca-cola no elevador, estressante, e teve de novo, e tirou de novo, perdeu a família, a mulher pediu separação. Ele foi atrás de tudo o que já tinha sido pesquisado de alternativo sobre o câncer. É um livro muito informativo, pouco sobre a história dele, bastante sobre as históricas clínicas dele e sobre alimentação, o papel da glicose, quando a gente come muito açúcar, o papel do exercício. É um livro que me deu um porto seguro para me agarrar a um estilo de vida saudável, bacana. É um livro informativo também sobre câncer. Achei muito saudável esse livro, muito positivo. E outras coisas que eu li, de outros livros mais técnicos, de internet, de experiências muito informativas sobre isso virar uma coisa pior, virar uma metástase, ir para o fígado, e isso foi horrível. Isso só te deixa com mais medo, mais inerte. Então, esse caminho de achar coisas positivas para a gente decolar é muito mais produtivo.

Eu já era uma pessoa que gostava de uma pratada saudável, de uma salada, de um arroz integral, mas eu hoje em dia acho que sou o dobro, no mínimo, de mais "natureba". E isso expandi para o meu filho, coitado, agora até o milho da pipoca é orgânico. Quando você sabe que tem a doença, vira "radicaloide". Eu não comia nada, cortava tudo. Depois você começa a relaxar, a equilibrar um pouco, relativizar.

Meu filho tem 10 anos, vai fazer 11. No começo, eu fiquei muito preocupada em como eu ia lidar, já que eu estava muito assustada e óbvio que a criança é uma esponjinha e acaba percebendo. Ele tem uma personalidade mais introvertida, ele não fala muito, dá para perceber no jeito dele o que está acontecendo. Mas deu para, aos poucos, ir contando:

"Achei um carocinho, vão tirar o carocinho". Aí esperei a demanda dele e um dia ele perguntou o que era o carocinho, e eu fui contando, dizendo que ia precisar me tratar, que ia ficar um pouco mal e precisava da ajuda dele. Ele foi ajudando, fazendo uma comidinha, ficando por perto. E ele foi ficando mais safo, mais independente. É um processo que vem junto. Eu ter ficado muito frágil e, depois, muito mais tranquila com a vida nos trouxe uma coisa muito boa, a gente ficou muito próximo. Por outro lado, tem alguma coisinha dentro dele que o faz ter muito medo de eu morrer. Eu fumo um cigarro, e voltei a fumar há um ano e meio, no meio da quimioterapia, e ele vem: "Mãe, por que você não toma um fumasil?" – alguma coisa que ele viu na televisão.

Tenho uma loja de brinquedos educativos há sete anos. Um ano antes de saber que estava doente, eu chamei uma tia minha para trabalhar comigo e poder cuidar da divulgação. Quando soube que estava doente, passei a bola totalmente pra ela, disse para me chamar só em caso de urgência. Fui viajar com meu filho e quando voltei fiz a biópsia. Então foi quase como um preparo.

Quanto ao meu marido, eu não sentia vergonha, nada disso: eu mostrava, deixava ele ver. Também mostro para as amigas, mas eu tenho esse perfil, sou meio escrachada. Mas é difícil, não é uma coisa natural. Você vai abraçar outra pessoa e tem um negócio no meio, um negócio duro, porque tem que colocar o silicone atrás do músculo, então um fica duro e o outro não, então agora penso se coloco no outro ou não, pra ficar esteticamente igual, porque não ficou. Mas também não é uma coisa de outro mundo, tem um ganho. Meu peito era pequeno, ganhei mais. Eu queria ter colocado já os dois na cirurgia, mas o médico ficou com medo de a prótese não ficar igual, e não fez, e saí da cirurgia com só um feito. Mas ainda posso colocar no outro. Sempre tem uns ganhos.

Quando meus pais me tiveram eles já eram ateus, então para mim é tranquilo acreditar que quando a gente morre, vira pó e acabou. Eu não tenho nenhuma crença em nada divino, então não tive como me agarrar a alguma religião. Acredito que virei muito mais bruxinha do que eu era, não como algo divino, mas como uma coisa telepática. Eu boto uma energia positiva, eu penso em alguma coisa, eu mentalizo, eu chamo e a coisa acontece. Isso eu não tenho a menor dúvida que acontece, porque acontece comigo o dia inteiro. E pensar que em abril do ano passado eu estava bem mal, chorava todo dia com medo da morte. Fui até fazer um *pet scan* para saber se tinha tumor em algum outro lugar no corpo.

Não tive essa sensação de "Por que comigo?", como algumas mulheres têm. A minha sensação foi: "Nossa, faz sentido!", porque eu vivia estressada e não conseguia sair do círculo, eu quase agradeço ter tido o câncer. Foi uma virada de mesa mesmo. Fui enxergando isso depois que fui melhorando. Fiquei mais calma, [não ligava mais para] todos os "nhenhenhe" do dia a dia, todas as briguinhas... eu virei a pessoa harmônica da casa. Estou no auge da minha juventude, preciso aproveitar muito bem isso, aproveitar o pequeno, não só aquilo que me arrebata. Agora eu olho para as delícias do dia a dia.

Eu ainda faço tratamento. Tive um câncer que acho que não é comum. Ele foi negativo paro os hormônios, mas foi positivo para uma coisa chamada HER2, e deu grau máximo de agressividade. Mulheres mais jovens costumam ter tumores mais agressivos, o metabolismo é mais rápido. Isso me deixou bem assustada. Por isso eu tenho um ano inteiro de tratamento, e agora a cada 21 dias faço um remédio que não é quimioterápico, ele é um anticorpo monoclonal, que não tem nenhum efeito colateral, tenho um cateter implantado. A vida muda um pouco, não posso encher a cara como antes, ir para a balada todo dia. Estou mais tranquila, me preservando mais.

Eu não senti que nenhum dos médicos que me operou me via como um tumor. Acho que eles ficam meio empastelados com tudo nesse sistemão, principalmente na faculdade, que é pouco humanizante. Eles têm dificuldade em perceber nosso desespero. Esse livro que eu contei que lia, por exemplo, o autor relata que era um médico desses, insensível, que não tinha interesse nenhum em clinicar, que só fazia por obrigação, que ele tinha interesse na pesquisa. Depois que teve câncer e passou por todo esse processo, ele mudou completamente e virou um ser super-humanizado, o maior interesse dele passou a ser conversar com as pessoas, compartilhar, queria entender como podia ajudar as pessoas. Eu quase troquei de oncologista no meio do tratamento, tive um treco com ele. As minhas dúvidas não eram respondidas, ele dava risada, achava que eu era neurótica, chorosa, mas depois acabei aceitando um pouco que a medicina hoje em dia ainda é assim, e resolvi que mais para a frente, para controle, eu procuro outra pessoa mais humanizada. E agora eu também já nem pergunto tanto, já nem quero saber tanto também. Quero saber da vida, não da morte, da doença.

Veio junto com isso outro pacote, de comer bem, fazer exercícios, que dizem que vale por uma quimioterapia. Hoje eu tomo gengibre, cúrcuma, vitamina do complexo B, que são anti-inflamatórios que ajudam o organismo a investir contra a inflamação e a se fortalecer. É uma coisa imensurável, a gente nunca vai saber o quanto isso ajudou ou não. Mas é um caminho interessante a seguir. Quando você conversa com médico alopata, ele ignora essas coisas, como se só existisse a medicina tradicional. Mas a medicina tradicional pouco sabe também. É o mesmo remédio para todo mundo. Apesar de ter avançado muito, ainda falha muito também. Eu desejaria que os médicos pudessem ouvir mais os pacientes e entender que cada um tem uma necessidade própria e que, se for possível, fossem mais acessíveis. Por mais que não possam resolver todas as questões, que possam ouvir, que possam responder com calma, com detalhes, ter um respeito maior. Faltou muito respeito no meu processo como paciente. Fiquei à deriva. A terapia me ajudou a dar conta do lado emocional, mas eu tive muito pânico e dúvidas que, se tivessem sido respondidas, teriam me poupado imensamente. Por exemplo, como é o mapeamento genético, se eu posso fazer, se me ajudaria ter feito, se é uma condenação à morte. Em outras ocasiões, eu estava tomando antibiótico, tendo muitas reações e os médicos falavam que era piração da minha cabeça, até que um dia meu marido leu a bula e viu que podia mesmo ter todos aqueles efeitos colaterais, que era raro, mas que podia. E nesse dia eu parei de tomar e fiquei boa. É certo desamparo, ninguém liga muito quando você sai fora do padrão. Eu só comecei a me dar bem com meu oncologista quando eu já estava bem. Assim é fácil.

Imagina que você está sedentária, largada, fumando, e parte pra uma vida ativa, comendo bem: o organismo reage positivamente. É um aprendizado. A gente faz o que pode e não tem controle de tudo. Sempre fui muito controladora e desesperei quando não estava mais no controle. É um aprendizado. A gente percebe que não controla tudo e que se morrer, morreu. A proximidade da morte traz também certa calma. Vamos aproveitar bem, olhar pra trás e ver o que foi gostoso e o que está bom.

L.C., 36 anos, dona de casa

Estava amamentando meu filho, mais ou menos em outubro de 2008, e num exame da mama no chuveiro descobri dois caroços. Fui a minha ginecologista, ela fez ultrassom na clínica e disse que era leite, que não precisava me preocupar. Passaram-se sete meses, as bolinhas não desapareceram, voltei à médica, ela pediu outro ultrassom e mamografia. No ultrassom fiquei desconfiada, porque minha sogra tinha tido câncer e estava mais ou menos familiarizada com resultado de exames. Aquilo me deixou com a pulga atrás da orelha. Fiz a ressonância e, antes de falar com qualquer médico, já sabia o que eu tinha. Fiquei bem assustada, bem apavorada. Procurei na internet. Fui ao doutor Silvio, ele me disse que eu tinha um nódulo. Tive de parar de amamentar de uma hora para outra. Tive uma mastite. O médico não conseguia nem fazer exame clínico na hora de tanto leite que eu tinha. O doutor Silvio disse que eu deveria fazer a cirurgia e quimio. No dia seguinte fui ao oncologista, decidida a ouvir o que ele teria a dizer. Quando a gente tem câncer tem de ir no oncologista, né? Ele falou que eu deveria primeiro fazer a quimio, depois fazer a cirurgia e depois a radio – como o doutor Silvio tinha me dito. Depois que falei com eles, fiquei mais tranquila, porque eles falaram como de uma doença qualquer, em que é possível ter cura, que pode ser tratado até como uma doença crônica. Fiquei mais aliviada depois de ter falado com eles. Tinham clareza sobre a situação e paz de espírito.

Daí fiz uma biópsia para tirar um gânglio e fiz a primeira quimio, em junho de 2009. A ideia era fazer seis sessões em 21 dias. Eu fiz três quimios e fiz um exame, uma ressonância para ver se o tumor estava diminuindo. Mas ele não tinha diminuído como eles esperavam. Aí fiquei tensa. Comecei de novo a procurar na internet, a ver que existem tumores resistentes à quimio e pensei que tinha me encaixado no pior tipo. Aí, ele trocou a droga e fiz mais doze sessões semanais e diminuiu muito o tamanho do tumor. Terminei as quimios. Depois da primeira, tive uma baixa imunológica, tive febre e fiquei internada cinco dias no hospital. Foi quando o cabelo começou a cair e raspei. Pedi para vir um cabeleireiro no hospital. Não mexeu comigo cortar o cabelo. Perder o cabelo foi uma coisa muito simples, me achei até bonita. Então não me pegou ficar sem o cabelo, fiquei parecendo uma monja budista. Não derramei nenhuma lágrima. Voltei para casa e depois disso não senti mais nada. Eu tomava um remédio bem caro, que custa R$ 500 cada um e meu plano cobriu. Ele não me deixou ter enjoo, não vomitei, não deixei de levar meus filhos à escola, de ir ao mercado, de ir à feira. Normal, mas sem cabelo, cílios e sobrancelhas. Isso foi o que me deixou mais chateada: ficar sem sobrancelhas deixa a gente com cara de doente. Escolhi uns chapéus, uns lenços, e foi divertida essa fase de tentar me reinventar. De me achar bonita de outra forma.

Tenho dois filhos, um de 7 anos (na época tinha 6) e o pequeno, que tinha um ano e três meses (ainda estava amamentando). E é engraçado, porque falam que amamentar protege. Eu amamentei meu primeiro filho até um ano e oito meses. Eu não fumo, não bebo, não sou gorda e amamentei. Fiquei questionando: "Por que eu? Quem vai cuidar dos meus filhos? Quem vai viajar com meu marido e aproveitar a vida com ele?". A parte mais difícil foi o primeiro mês. Você começa a fazer o tratamento, precisa se acostumar. Às vezes chorava à noite. Um dia, tomando banho, me deu um estalo: "Por que estou chorando?". Vi que estava chorando a dor dos outros e por antecipação.

Mais injusto impossível. Estava chorando a dor que talvez meus filhos sentiriam daqui a alguns anos. E, quando essa ficha caiu, foi um divisor de águas. E aí fui tocando. Não deixei de transar com meu marido, de viajar no fim de semana, de sair para jantar. E meu marido foi muito companheiro. Nunca deixou de me beijar, de me achar bonita, de me procurar para fazer amor. Não mexeu na minha feminilidade. Eu sentia que para ele continuava igual.

Quando chegou a doença, eu vi que todas as outras coisas estavam no mesmo lugar. Estava na minha casa, com meu marido, meus filhos saudáveis, tinha uma situação de grana legal, me achava bonita. E descobri ter força para tudo isso. E não tem outra saída, é preciso ter. Tinha um filho pequeno, eu precisava ficar boa. Para o meu filho mais velho foi mais difícil. Tive de bolar uma história não tão triste para contar para ele. Ele teve há um ano uma bolinha de gordura no pescoço que precisou tirar e fazer biópsia. Não era nada. Lembrei daquilo e falei que tinha duas bolinhas como a dele, só que no peito, que precisava tomar remédio antes de abrir, tirar e costurar. Que o remédio ia fazer a mamãe perder o cabelo e ficar careca. Eu tinha cabelo na cintura, compridão. A primeira coisa que fiz foi cortar o cabelo. Quando ele me viu careca, no hospital, ele entrou em choque. Ficou agressivo comigo, com medo de eu morrer, revoltado. Tive um trabalho especial com ele. Procurei uma psicóloga para ele, que foi maravilhosa. Ele perguntava se ela conhecia alguém que tinha doença igual à da mãe, se essa pessoa estava viva.

Daí, todo mundo encheu meu saco, ninguém acreditava que eu pudesse estar realmente forte e segura e me diziam que precisava de terapia. Eu fui procurar pela pressão, achando que não precisava. Achei uma pessoa legal, mais velha, que tinha tido a mesma doença que eu, na minha idade. Eu fui duas vezes e não fui mais. Porque pra mim a doença estava resolvida, era só tratar. Ficar falando sobre aquilo com alguém não ia me acrescentar nada. Ficava pensando: "O que vou falar para ela hoje?". Isso só me criava uma ansiedade que não era legal. Eu estava doente e me tratando, não achava que ia morrer. Não tinha o que conversar com ela, com uma terapeuta. Tenho um amigo que é psiquiatra. Ele falava que achava que eu estava ótima, que precisava cuidar da autoestima. Eu sentia que estava bem e que podia enfrentar isso. Eu sempre me lembrava disso que ele tinha me dito. "Eu tô legal, as coisas estão exatamente iguais, não mudou nada." Não sei se eu tivesse passado mal por causa da quimio se eu teria tido a mesma reação. O meu físico me ajudou. Eu não faço exercício, sou desanimada para isso, mas me cuido. Sempre cuidei da alimentação. Arroz integral, legumes, salada. Não sou nenhuma chata, mas me cuido. Não sou nenhuma neurótica. A quimio me deixou mais fraca apenas. Lembro que antes pedalava a praia inteira com o meu filho na garupa; no fim da quimio eu não tinha mais essa força. Eu me sentia mais fraca. Agora estou fazendo ginástica para recuperar meus músculos. Quando você bota pra fora as quimios, você volta ao que era antes.

Depois das quimios fiz a cirurgia, no dia 12 de novembro, véspera do meu aniversário. Eu queria marcar a cirurgia para o dia do meu aniversário. Procurei um cirurgião plástico bacana e optei por tirar os dois seios. Eu sempre tive peitos pequenos, tinha vontade de colocar silicone, mas não tinha coragem. Tinha medo de ter câncer e não descobrir a tempo. Eu sabia que podia ter, porque tive na família, minha avó e minha tia, irmã do meu pai. Ela não cuidou direito e acabou morrendo. Bom, aí aproveitei pra ficar peituda. Foi divertido ir ao consultório, escolher tamanho, provar sutiã. Eu queria ficar com o peito bonito. Hoje é infinitamente mais bonito do que era antes. É um presente. Mas o pós-operatório não foi legal, foi chato; a radioterapia que veio depois não foi legal, porque eu fazia num lugar cheio de crianças. Eu era a mais velha e ficava vendo várias crianças, que estavam começando a vida e já estavam fazendo tratamento pela segunda vez. Ficava comovida. Gente melhor que eu, gente pior que eu. Não acho que o câncer me abriu os olhos, mas me mostrou alguma coisa. Eu continuo sendo a mesma pessoa, não mudei nada. Não agradeço ao câncer, não me tornou uma pessoa melhor. Não foi legal ter tido, foi muito chato. Meus planos eram outros, não fiz as coisas bacanas que tinha sonhado, não fui para Espanha alugar uma casa na praia. Não tenho essa coisa de agradecer porque estou vendo a vida de outra maneira. Estou vendo tudo do mesmo jeito. A única coisa é aproveitar, porque não se sabe o dia de amanhã. Eu acho que estou curada, mas não dá pra saber, ele pode voltar. Mas não tenho medo da morte. Se tiver de ser, vai ser e não adianta lutar contra. Eu sempre fui muito controladora. Foi a primeira vez que me vi numa situação em que não podia fazer absolutamente nada. Estava nas mãos de médicos e de Deus, se é que ele existe. Não sou religiosa, sou católica, casada com judeu. Isso mudou: fiquei mais espiritualizada durante a doença, rezava um pouco mais, foi um apoio, era gostoso. Mas não só a minha religião. Qualquer coisa era bom. Alguém me ligava e dizia que estava pensando em mim e me mandava uma medalhinha, uma imagem do Buda, tudo era lindo. Carinho de amigos, de familiares. Mas eu poderia ter descoberto e sentido isso sem a doença.

C.N.L., 45 anos, escritora

(relatos espontâneos e esporádicos, nao foi entrevistada)

Tentei dormir com remédio. Tive pesadelo. Sonhei que fazia um suco de couve com maçã e a campainha tocou. No portão de casa estava uma figura sombria, vestida com capuz e andrajos, como na Idade Média.

A princípio achei que fosse o mercador do *game* Resident Evil 4, cheguei perto dele para ver o que ele queria e me deparei com uma fisionomia desencarnada, uma caveira sorridente. Joguei o suco de couve na cara dele e corri para dentro de casa. Acordei gritando. Meu gato até se assustou e vazou da cama como um rojão. Não quero mais dormir depois disso.

Escrevi um texto tentando achar explicações inexplicáveis para essa peça que a vida me pregou, ou mesmo para desabafar, ou sei lá o porquê. Estou confusa, perturbada com as novidades.

Escrever esses textos é a única coisa que me alivia no momento.

Hoje foi o segundo pior dia da minha vida. O primeiro no ranking foi quando minha mãe entrou no delírio da morte clamando pelo artigo 647 do Código de Processo Penal, o direito de ir e vir.

Tomei uma cachaça no bar da esquina. Uma? Pra ser honesta acho que mais de uma, não sei se é recomendável para quem está em processo de quimio, mas garanto que foi caso de força maior, portanto inimputável. Paulo Francis já falava que o melhor estado para se viver é o estado ébrio. Estou começando a achar que ele tem razão.

Estou bem agora com a cachaça, o lustre resolveu dançar o *rebolation*, o chão está barcolejante, o gato está falando em mandarim e tudo o mais. Tenho trabalho a fazer, umas vinhetas, textos, mas a coisa não está fluindo como deveria.

Bem, o doutor já deve ter percebido que lá vem conversa de bêbado... Aquela hora em que eu falei sobre a origem do @#$% tumor, quando eu disse que começou na escola primária, por volta dos meus 8 anos, até que tinha um fundo de verdade, pois acredito que as causas de um tumor são iguais a um acidente de avião. Na verdade são vários motivos reunidos, não uma só causa. E no meu caso acho que tem a ver com a $%&* dos estrogênios, com o DNA que brilha no escuro da minha família, com latrofobia, autodestruição, depressão e coisas do tipo. E depois que a droga do avião começa a cair, a gente não tem para onde ir, o que piora o pânico e a sensação de impotência diante do destino.

Na infância, na escola, fui a favorita do *bullying* comum nessa faixa etária dos empinadores de pipas: todo dia passava pelo corredor polonês levando chutes e passadas de mão dos meninos, na hora do intervalo era caçada como uma corça pelas colegas, que me rodeavam e me empurravam de um lado para o outro gritando, xingando e fazendo coro de "tantã".

Agora que estou em contato com o Dr. Simon e com o Dr. Bromberg, vi que médicos não são bichos de sete cabeças, mas bichos de uma cabeça só. Estou espantada com a humanidade e profissionalismo dos homens de branco.

E espero que ainda haja tempo para prolongar essa experiência.

Bem, encurtando essa #$%&* de papo de bebum, nunca consegui ter um relacionamento considerado normal com pessoas normais. Na juventude nunca me passou pela cabeça nem pela barriga ficar grávida, já pensei em adotar um adolescente órfão chinês para jogar *games* comigo, mas logo me dissuadi da ideia, por ele não vir com legendas. Só consegui me relacionar com alguém enchendo o tanque com algumas taças de vinho e outras modalidades alcoólicas, coisa que tenho evitado ultimamente por causa da quimioterapia, embora eu não seja nada nadica habituê de drogas e coisas do gênero – as únicas drogas que tive contato foram manuais de autoajuda e folhetos de Igreja – já usei episodicamente maconha e coca que fizeram tanto efeito quanto dar um tranquilizante para um bicho preguiça. Não gosto nem quero usar drogas, mas não recusaria morfina *in extremis*.

Os exploradores Scott, Amundsen e Cherry Garrard usavam morfina nos olhos na boa para curar cegueira da neve. Não dispensaria se fosse necessário. Mas não

colocaria sobre os olhos, claro. Talvez sobre os dedões do pé caso eu tenha síndrome acentuada do pé e da mão.

Meus relacionamentos sempre foram com pessoas ditas excêntricas, de comportamentos extremados – bipolares, poetas viciados, um diretor de cinema polonês metido em escândalos, prefeitos e soldados de folga em cidadezinhas da Itália. Tive até a sorte de ter um *affair* com um tenor italiano famoso, hoje morto mas imortal, que ouvi no rádio na minha adolescência e que me tirou da depressão. Sempre foram muito enriquecedores. Todas as pessoas que conheci foram pessoas que tinham muito a compartilhar. Sempre fui uma pessoa de sorte nas ligações, sempre intensas, mas nunca consegui chegar aos encaixes de tipo lego. Fico meio admirada em ver pessoas com famílias formadas, filhos, netos e tudo o mais. Para a maioria das pessoas isso parece normal, mas eu considero isso quase uma façanha.

Sempre tentando compensar meu complexo de inferioridade com atitudes que, para alguns, podem parecer fúteis, desnecessárias, mas que para mim fazem algum sentido profundo. Tenho uns vestidos de minha época áurea, que comprei no Quartier Latin, em Paris, na mesma loja em que a Madonna e a Angelina Jolie compraram umas peças. Estava lamentando não poder mais usá-los na vida, por causa do decote; agora estou lamentando que a vida não vai mais poder me usar. E daqui a pouco pressinto que ainda vou ouvir que terei que fazer uma amputação dupla, e "Hasta la vista, baby".

Desculpe o desabafo, doutor, mas o meu avião está caindo. As pessoas sempre estão tentando encontrar um culpado para os fracassos da vida. Eu me sinto um corpo fracassado. Um espírito fracassado. Uma barbie *twilight princess* fracassada. E a culpada, claro, foi a cachaça.

H.M., 56 anos, empresária

Na cama, vendo televisão, apoiei a mão no peito e senti o caroço. Era grande, do tamanho de uma bola de pingue-pongue. Eu conseguia vê-lo no espelho. Marquei consulta com o médico, ele pediu os exames, mas disse que era câncer. Na hora chorei muito, fiquei muito assustada, nem tanto pelo medo da morte, mas pelo peso da doença, pelo medo de definhar, de sofrer. Fiz os exames e o diagnóstico veio, concreto, depois da biópsia, em janeiro de 2004: carcinoma ductal invasivo na mama direita, de 4,6 cm. A partir daí, fui no mastologista com os exames e ele disse que eu precisava operar imediatamente, porque era um tumor sistêmico, muito grande, e eu deveria fazer quimio e depois mastectomia. Ele me encaminharia para um cirurgião plástico. Eu chorava muito, estava muito assustada, não queria operar. Sempre fui contra cirurgia. Há dez anos tive um mioma, fui me tratando, mas não tirei, e hoje estou bem. Sempre fui contra essas coisas violentas, agressivas. Sempre fui a favor da psicossomática, desde 1982 eu estudo muito isso e sempre curei muito rapidamente todas as minhas doenças. Enfim, não quis fazer a mastectomia. Pedi um tempo, para me acostumar com a ideia. Ele disse que eu não deveria esperar, que eu não tinha outra saída. Eu procurei a psicologia, fui fazer um tratamento. Você pode ter fatores genéticos, tendência, mas o nosso emocional também ajuda. Li muito o livro do oncologista americano Carl Simonton, chamado *Com a vida de novo*. Ele fala sobre isso. Aqui em São Paulo tem um instituto voltado para o apoio ao tratamento do câncer. Eles fazem tratamentos em nove sessões: você fica lá seis horas, nessa linha de autoconhecimento, descobrir quais são suas mágoas, o que aconteceu com você. Eu conhecia isso dos meus estudos, mas eu nem sabia o que era, se tinha isso. Encontrei esse instituto e fui fazer essa terapia. Em março, já estava fazendo esse tratamento psicológico. Você fica em pares, você medita, faz ioga, desenha. Cada sessão é uma parte da sua vida, de seus sentimentos, seus relacionamentos, sua infância, e você vai trabalhando aquilo. Eles têm trabalhos manuais também, mas eu acabei não fazendo. Antigamente eles cobravam, mas hoje eles são uma ONG, não cobram mais. Em março, então, comecei a fazer a quimioterapia. Como meu cabelo estava quase no ombro, eu cortei antes que eles começassem a cair. Cortei bem curtinho. Encontrei com meu médico, o mastologista, e ele ficou feliz de eu já estar fazendo a quimio, que logo eu voltaria para operarmos. Eu disse que não operaria. Que a consulta com o cirurgião plástico foi pior que a notícia do câncer. Eu disse que eu iria me curar. Ele pegou no meu braço e disse que eu não iria me curar sem operar, que somente a quimioterapia não cura o câncer.

Aquilo me magoou muito, ele poderia ter dito qualquer outra coisa. Chorei de ódio e contei para a oncologista o que ele falou. Ela disse que não poderia fazer nada. Que me daria quatro quimios e depois conversaríamos. Eu fiz as quatro e o tumor reduziu para 1,5 cm. Nesse ponto, a oncologista falou para eu operar. Eu disse que estava me tratando com antroposofia, mas eles também me mandavam operar. Todo mundo queria que eu operasse. Acabei tomando 18 ou 21 quimioterapias, porque a oncologista, que era jovem, foi tentando me ajudar. E durante um ano e meio eu fui fazendo quimioterapia. Depois disso, eu tive diagnóstico de cura. Eu ia fazer os exames de rotina e já ia com o diagnóstico para os médicos. Eles sabiam que eu tinha o tumor. Alguns, quando eu dizia que não tinha operado, eram muito ríspidos comigo, muito secos, até que eu pedi para minha médica não colocar nos pedidos que eu tinha o tumor. Até que um dia eu fui fazer mamografia e ultrassom e eles não acharam nada. Quando chegou esse dia, eu contei para o médico que eu tinha tido o tumor, que eu não tinha operado, tinha só feito as quimios, e ele tinha desaparecido. Aí o médico ficou muito bravo, me mandou fazer todos os exames de novo, fez tudo novamente e achou um nódulo de 1,2 centímetros. Pedi novos exames para a médica, fui no Hospital do Câncer e lá eu fiz um *pet scan*. A médica me chamou na sala dela e disse, sorrindo: "Parabéns, você está bem, não foi encontrado nada". Perguntou quando eu tinha operado. Eu disse que não tinha operado. Ela ficou seca comigo, me deu um envelope fechado e mandou eu me entender com a minha médica. Voltei ao médico, que falou que eu deveria fazer uma nova biópsia para ver o que era esse 1,2 cm que tinha sobrado. A médica então me receitou tamoxifeno, para eu tomar por cinco anos. Eu tomei por três meses e resolvi que não ia tomar mais. Eu fiquei com medo do remédio, achei aquilo estranho, não ia tomar aquilo. E parei. Como fazia exame a cada três meses, depois passou para seis e agora entrou em um ano. Em cada exame que eu vou fazer aparece uma marquinha, de 1,2 cm, que eles não sabem o que é. Eu não quis fazer a biópsia. Faz cinco anos que ele está com 1,2 cm. Se ele aumentar, aí eu penso o que vou fazer. Mas enquanto estiver assim, está bem.

O período da quimio não foi fácil. Fiquei toda pelada e tinha uma tal de leucopenia. Tinha fortes dores no quadril, me aplicavam injeção no pronto-socorro, depois a dor passava. Sentia muito cansaço, não tinha muita disposição. Mas eu saía, pulei carnaval mascarada. Com o cabelo e a sobrancelha, não me importei muito. Me achei bonita. Até hoje uso o cabelo curtíssimo, sem pintar, branco. Estou bem assim. Sou uma pessoa sexualmente ativa, sou exibida e o cabelo branco contrasta. Fica uma marca grande da velhice e percebo que as pessoas, mesmo me achando bonita, olham para saber se é loiro ou branco, se eu pintei ou é assim. Eu tenho corpão, sou uma mulher que chama atenção, e as pessoas estranham eu usar esse cabelo. O que me incomodava muito era a comoção. Eu detestava a reação das pessoas. Eu queria ser tratada como uma pessoa normal, que tivesse quebrado o pé, que tivesse diabetes – aliás, diabetes é pior que câncer. Bom, minha irmã morreu de câncer no reto, ela fez tudo o que a medicina mandou, foi definhando, internada por meses, teve uma bomba de morfina implantada nela. Eu tentei no começo apresentar outras coisas para ela, mas ela não quis, ela seguiu a medicina tradicional. Então desisti e a apoiei nas cirurgias, nos tratamentos, ia com ela ao hospital. Ela rezava muito, era muito católica, acreditava muito em força do pensamento positivo, que eu acho uma bobagem. Um remédio como um analgésico, você tem que usar, mas descer para uma cirurgia falando que não tem câncer, não tem câncer... Isso pra mim é uma bobagem, é uma ilusão, é se iludir, se enganar. Precisa ter consciência do que realmente se tem e que não é nem precisa ser definitivo. Não foi Deus quem deu, nem será ele quem irá tirar. Como você vai se livrar de uma coisa que você acha que não tem? É como ter um buraco na frente e ignorar o buraco: você cai no buraco. Você pode fazer uma ponte, desviar do buraco, encher ele de coisas... Sou agnóstica, não acredito em Deus, se ele existe ou não existe não muda nada na minha vida.

Por que a gente pega um caminho e, depois, como refazer esse caminho de volta? Tem gente que acha místico quando eu começo a falar isso. Eu já fui até em pai de santo com uma amiga, respeitei todos os rituais, todas as orações. Eu aceitava isso como uma demonstração de amor das pessoas.

Na minha pretensão, acho que eu consegui começar a lidar melhor com o amor homem-mulher, com o amor mãe-filha, que isso é consequência desse amor muito doentio, da relação que eu tinha com a minha mãe. Eu era fértil, nunca quis ter filhos, cheguei a fazer um aborto, não me arrependo, nunca quis mesmo ter filhos. Por uma fase até pensei como seria ter, pela experiência, mas desisti. Para você ver a relação que eu tinha com isso... Era uma coisa minha. Eu então mudei meu modo de ser, eu larguei algumas coisas, acho que fiquei mais suave. Fiz muito tratamento antroposófico, fiz também os retiros deles, fiz terapia antroposófica, acupuntura, homeopatia. Hoje parei com tudo. A única coisa que eu fiz depois de tudo isso foi implante hormonal, que foi uma loucura também. Todo mundo quis me crucificar. Mas eu procurei o doutor E. C., estava muito mal, não dormia, tinha muitos calores da menopausa, comecei a ficar muito chorona e não estava conseguindo resolver isso. Como meu câncer era dependente hormonal, eu não poderia fazer de jeito nenhum. Esse médico então disse que eu deveria ter uma coisa específica para mim, porque o hormônio que resolveria, eu não poderia tomar mesmo. Eu prefiro lidar com o câncer do que com isso que estou lidando agora. Ele fez esse implante específico em mim e melhorou muito. Mas me fez muito bem tudo isso. E o doutor me disse que 30% das pessoas que operam têm recidiva, e se você faz implante hormonal acompanhando, essa recidiva cai... Eu não estava preocupada com isso, eu queria me livrar daqueles calores e tal. Continuo tomando homeopatia, de vez em quando volto ao médico, e também tenho meu psiquiatra, de quem me tornei amiga, que me receitou alguns antidepressivos uma época, quando eu estava com esses sintomas.

Todo mundo na minha família, inclusive meu marido, foi contra tudo o que eu fiz. Viviam fazendo campanha para eu ter contato com mulheres que operaram e estavam bem. Eu fui umas vezes e achei que elas não estavam nada bem. Nunca quis esse tipo de contato. Eu estava decidida que o que elas estavam fazendo não era o meu processo, assim como não era o processo delas o que eu estava fazendo. Viver em função de algumas coisas é a morte. E eu vivo tão bem! Estou com uma sobrevida de cinco, seis anos, maravilhosa. Mesmo que agora eu tenha alguma coisa, já vivi bem esses anos. Só a cirurgia é uma mutilação. Os médicos não querem lidar, eles me mandam sair da sala porque não querem compactuar com essa loucura, como eles dizem. Comigo tudo fluiu, minha vida não girou em torno disso. Nunca fui de fazer drama, tenho raiva de quem faz. Não sofria com isso. Eu só queria respeito pela maneira como eu vejo a doença. Eu entendo os médicos acharem que é loucura, que eu sou minoria, entendo tudo isso. Só que eu tenho direito de pensar diferente. Não sou louca, eu queria ser acompanhada, mas eles se negam: ou você opera ou eu não tenho saída para você. Só isso que eu quero, respeito.

R.A., 36 anos, executiva

Eu não tenho nenhum caso de câncer na família. Eu tinha uma viagem de negócios para Cancun marcada e, como sou executiva, recebo da empresa como benefício todo ano um *check-up* realizado no Einstein. Normal, não fumo, não bebo, sou supersaudável, me alimento bem, tenho uma vida regrada. Quando cheguei, pelo fato de ter completado 35 anos naquele ano, eles incluíram a mamografia. Eu nunca tinha feito mamografia. Eu tinha inclusive duas médicas ginecologistas: uma supertradicional e uma supermoderna. E nessa segunda eu ia duas vezes por ano fazer papanicolau, porque meu problema era mais ginecológico, eu tinha mais medo de ter câncer de colo de útero do que de mama. Eu nem pensava em mama, porque casei cedo, amamentei. Eu ia e ela me pedia até HIV, mas nenhuma das duas nunca tinha me pedido mamografia. Desta vez fui fazer a mamografia e repetiram quatro vezes. O engraçado é que esse momento foi muito mágico: não sei o que aconteceu, mas naquele momento que repeti o exame eu já me vi doente. Eu estava lá no consultório e já me vi doente, já me vi sem cabelo. Mas eu estava tranquila, estava normal, não sou de me desesperar com essas coisas. Depois liguei para minha mãe e perguntei se ela já tinha repetido mamografia assim. Ela disse que sim, mas só duas vezes. Fiquei preocupada, ainda perguntei para a mulher do Einstein se estava tudo normal e ela disse que sim, estava tudo bem. Uma semana depois me ligaram do próprio laboratório, para eu comparecer no mesmo dia. Eu fui e a mulher me falou que eu estava com um "carcinoma ductal não sei o quê". Nunca tinha ouvido falar disso. Perguntei o que exatamente isso queria dizer. "É um tumor", ela falou. Eu perguntei se podia ser câncer e ela disse que sim. Perguntei o que eu precisava fazer para saber, já que ela não tinha certeza. Ela falou para eu procurar um mastologista. Eu pedi que ela me indicasse um. Ela disse para falarmos primeiro dos meus exames, toda delicada. Nisso meu marido estava chegando. Como eles tinham pedido para eu ir com urgência, achei melhor ele ir comigo, para eu me sentir segura, porque podia ser alguma coisa. Bom, ela falou para eu procurar um mastologista urgente e me deu o nome do doutor Silvio.

Marquei a consulta e, quando cheguei, ele olhou o exame e falou que precisava me internar. Eu disse que ele não estava entendendo, que na segunda-feira eu iria viajar pra Cancun a trabalho. Ele me disse: "Olha, R., eu não sei que valor você dá pra sua vida, porque se você tivesse 75 anos, eu diria para você ir para sua viagem e depois a gente tratava, mas como você é muito jovem, tem 35 anos, eu prefiro que agilize seu tratamento". Eu estava tranquila, só ouvia o que ele tinha pra dizer. E eu confiei nele. Eu nunca o tinha visto, mas também sou muito leiga em assunto de medicina, não entendo nada, nada. Eu perguntei: "Essa é sua palavra final?". Então falei: "Tá bom!". Não fui procurar outro médico. Peguei o telefone, liguei para o meu trabalho, falei que precisava de uma guia para internação na segunda-feira, que eu passaria lá para pegar e fazer o trâmite, e voltei para a empresa. Eu não tinha noção, não tinha caído minha ficha. Eu fui prática. Eu não questionei, não chorei. Eu falei: "Se tem que internar, tem que internar". Não perguntei mais nada. Meu marido ficou assustadérrimo.

No domingo à noite fui fazer minha malinha, aí eu comecei a ficar reticente. Comecei a sentir dor que eu nunca tinha sentido, senti a mama arder, tive umas reações. Mas não chorei, eu estava confiante. O único momento que eu imaginei mesmo algum cenário ruim foi quando estava fazendo a mamografia. Eu me vi de lenço. Foi engraçado, passou um filme, eu vi como eu reagiria, como seria. Fui para o hospital, passei o dia fazendo exames. Eu nunca tinha entrado em hospital, a única vez foi na maternidade, para ter filho, mas ali parece um hotel. Eu, que sou executiva e tenho muita gente sob o meu comando, achei estranho quando me colocaram numa cadeirinha. Aí eu comecei a me sentir doente, por causa do ambiente. Eu queria ir andando, o cara teve que me explicar porque eu estava indo de cadeira. O negócio da cadeira me deixou chateada. Comecei a me sentir mal. A partir do momento que eu tirei a roupa e sentei naquela cadeirinha, tive uma sensação de medo, não gostei. Passei o dia sozinha no hospital. Meu marido quis ir, mas eu falei pra ele continuar trabalhando, e fui avisando as minhas amigas que eu estava no hospital. Não tinha caído a minha ficha. À noite, esperei o doutor Silvio, ele entrou e perguntou como eu estava. Eu disse que estava ansiosa. Não tinha chorado nada. Ele falou que estava impressionado. Ele me falou que o negócio era sério, que tinha três tumores. Eu não sentia nada. Nunca senti nada, eu nunca me dei bem com essa coisa de autoexame. Depois eu vi que se tivesse feito direito, teria sentido. Eu perguntei o que ia acontecer, se ia tirar. Ele falou que teria de partir para uma mastectomia, que era tirar a mama inteira. Ele explicou que o mamilo corria muito risco, que era muito agressivo, que faltavam mais exames, que de manhã eu faria mais exames para achar o sentinela, que poderia ter passado para os linfáticos. Tudo técnico, eu não entendo nada disso. Ele falou que só poderia fazer isso quando abrisse a mama. Ele levou a fotografia, desenhou, mostrou os três pontos, como um triângulo. Um tinha quatro centímetros. Nesse momento caiu minha ficha. Eu nunca imaginei! Meu marido adorava meu peito, eu tenho muita sensibilidade na mama. Embora já tivesse amamentado, minha mama sempre foi muito bonita, eu sou muito vaidosa. Meu marido adorava, nunca reclamei. Eu falei uma vez que queria colocar silicone, mas sempre tive muito cuidado com a mama. E imaginava ter mais filhos também...

Aí eu comecei a chorar. Sem me desesperar, sem nada. Mas doeu. Eu pensei: "Putz, que coisa!". Perguntei se eu podia morrer. Nisso, o doutor Silvio começou a falar do processo, que iria tirar a mama, tirar o mamilo. Começou a explicar da reconstrução na hora, na mesma cirurgia. E eu falei que se era para tirar a doença, que tirasse a doença: "Não quero saber de estética, não quero morrer, eu tenho uma filha". Ele falou que dava para reconstruir a mama, e eu falei que nem queria, queria que tirasse aquilo de mim, queria operar logo. Eu nem queria falar com o cirurgião plástico, não queria falar com ninguém, queria que tirasse aquilo de mim. Eu estava bem triste, bem assustada, me bateu medo de morrer. Fiquei pensando como minha filha ia ficar, eu ainda tinha coisas para fazer, não queria morrer. Eu só pensava na minha filha. Aí entrou o cirurgião plástico. Ele perguntou se eu estava bem. Eu perguntei se estava sonhando. Eu sou supersaudável, me alimento bem, sou jovem, amamentei, na minha família nunca teve nenhum caso de câncer. Ele falou que era supernormal e começou a conversar, me disse para confiar nele. Ele foi me examinar, me deixou sem roupa, eu fiquei superconstrangida. Ele falou que se ele fosse mulher e tivesse que escolher um câncer, ele escolheria câncer de mama. Comecei a rir, relaxei. Ele disse que é o câncer mais estudado que existe, que quase 90% das mulheres são curadas e que existiam várias técnicas. Como eu não tinha tecido pra tirar da barriga, dava para tirar do músculo das costas, que eu não ia precisar dele. Ele falou que iria ficar uma cicatriz grande, mas que ficaria na altura do sutiã e que iria ficar muito bom, que reconstruiria o mamilo, que faria tatuagem. Sei que com ele eu relaxei. Ele é muito engraçado. Ele disse que tem mulher inclusive que gosta quando ele fala da cirurgia, porque a cintura fica mais fina.

Nisso meu marido chegou e perguntou o que aconteceu. Eu falei que estava com câncer, ia fazer uma mastectomia. Que aquele era o cirurgião plástico que ia reconstruir a minha mama. Ele não entendeu nada, ficou paralisado. O médico continuou falando que precisava de umas duas cirurgias, mas depois eu ia ver que ia ficar bacana. Quando ele saiu, meu marido perguntou o que tinha acontecido. Eu disse que estava doente, que ia perder a mama e a gente começou a chorar junto. Ele chorava muito, chorava mais do que eu. Então eu pedi a ele para não contar a ninguém, que não era para falar para minha mãe, minha irmã, ninguém. Que eu só contaria para as pessoas na quarta-feira, depois que tudo tivesse acontecido. E que se eu falecesse, que ele cuidasse da minha filha, porque sou separada do pai dela.

Nesse momento a gente começou a orar. A gente tem muita fé. Eu pedi muito a Deus sabedoria para agir com tranquilidade, para que tudo desse certo. A gente foi bem forte. Eu pedi para Deus me mostrar porque eu estava passando por aquilo. Que eu tirasse um aprendizado daquilo, do porquê estava acontecendo. Eu achava que não merecia esse tipo de coisa, mas que se ele achava que eu precisava passar por isso para ser uma pessoa melhor, então que acontecesse. Naquela noite a gente não conseguiu dormir, eu até pedi para o enfermeiro me dar um remédio. A gente conversou sobre o que seria a vida. Ele não queria me perder, eu também não queria morrer, mas a gente ficou refletindo sobre o que tinha feito de errado, sobre o porquê de a gente estar passando por aquilo. A gente age tão correto, a gente tem tanta fé em Deus, o que a gente fez de errado? Eu comecei a achar que era por causa de algumas coisas que aconteceram. A nossa crença é válida, a gente colhe o que planta, então estou colhendo o que eu plantei, é esse o aprendizado.

Eu não cuidei do meu corpo, eu estava trabalhando demais, eu não dei importância à minha família durante um período por conta de trabalho, eu não fui fazer os exames no tempo certo, porque esse exame era para eu ter feito em abril e fui fazer em novembro. Eu deixei passar. Muitas vezes eu estava em reunião, o telefone tocava e eu dizia para a secretária remarcar o *check-up*. Nunca priorizei. Teve um dia que eu estava exatamente no Einstein, mas alguém me ligou, então eu saí e fui para outro lugar. A minha saúde nunca foi prioridade para mim, porque eu achava que eu estava fazendo o suficiente. Não fumava, não bebia, não fazia extravagâncias, mas eu estava num nível de estresse, de trabalho, a única coisa que me interessava era atingir o meu resultado. Eu queria me tornar uma executiva de alta performance, de sucesso. Eu trabalhava 15 horas por dia, trabalhava de final de semana. Foi um dos motivos de me separar do meu primeiro marido. Eu tinha um objetivo muito forte para mim. E tinha uma genética muito boa. Sempre fui magra, sempre comi de tudo e não engordava. Não fazia ginástica. Não sou uma Gisele Bündchen, mas não estava insatisfeita. Eu me sentia atraente, me sentia sexy, colocava uma roupa e cabia. Então o meu corpo nunca foi um problema para mim. O que eu não queria mostrar, eu escondia com roupa. Para o meu trabalho eu não precisava do meu corpo, eu precisava ter uma boa aparência. E eu nunca me preocupei muito com saúde, com essa coisa de ir ao médico. Então acho que eu negligenciei muito nesse sentido. Eu me senti culpada, porque se tivesse ido em abril talvez tivesse tirado parcialmente e não estaria correndo tanto risco de ter uma metástase. A sensação de culpa é muito ruim, porque é uma sensação de tempo perdido, que não volta mais. No meu trabalho eu sempre fiz tudo antes que me pedissem, e agora eu tinha deixado atrasar uma coisa da minha vida. Pensei que no trabalho eu sempre persegui cronograma, data, não deixava nada para depois. Tempo é dinheiro. Nunca achei que tempo era saúde. Eu imaginava morrer de acidente de avião, de carro, mas nunca, em tempo algum, ficar doente de câncer de mama.

No dia seguinte, fiz o exame e fui para a cirurgia. Foram nove horas de cirurgia. Para meu marido foi pesado, ele não aguentou não contar para ninguém e chamou minha mãe. Ele achou que era muita responsabilidade, ficou com medo de eu morrer na mesa de cirurgia. Voltei para o quarto, já sabia que estava sem a mama, sentia muita dor e a gente chorou junto. Mas estava agradecendo porque eu tinha acordado da cirurgia. Liguei pro RH da minha empresa e contei para eles. Falei que tinha operado, que era câncer, porque eu tinha muitas providências a tomar, pagamento e tal. Contei para minha mãe e ela começou a chorar, ela não acreditou. Mas ela estava me vendo bem. Já tinha passado. Eu falava: "Mãe, por que você está chorando? Eu estou bem agora, já tiraram de mim, já curou". Eu tinha essa certeza, que já tinha saído de mim. Todo mundo da empresa foi me visitar. Saí na sexta-feira e fui para casa. Tinha muita dor na região do músculo, tomei muito remédio. Fui para casa me sentindo meio impotente, a minha única cirurgia tinha sido uma cesárea. Comecei a pensar no tratamento, porque eu sabia que teria de fazer quimioterapia. Fui a um oncologista e a outros vários médicos. Conheci uma equipe: mastologista, oncologista, cirurgião plástico, fisioterapeuta. Num oncologista, marquei consulta, fui lá, falei o que tinha acontecido, achei a entrevista superfria. Para eles é só um caso a mais, mas para mim é a minha vida. Achei estranho. Perguntei quais eram as reações da quimioterapia, ele falou que ia cair o cabelo e pediu para fazer um exame nos Estados Unidos, com um reagente, para ter a resposta certa. Porque ele disse que algumas mulheres que tiveram o meu tipo de câncer não precisavam fazer a quimioterapia. Mas quando eu voltei com o doutor Silvio, ele deu um conselho diferente. Falou que eu devia fazer a quimioterapia, e eu tive mesmo que fazer.

Marquei a quimio e me preparei. Comecei a me preocupar em como eu ia me sentir. Eu voltei a trabalhar, estava bem. No 16º dia eu voltei a trabalhar normalmente. Minha equipe fez uma festa para mim, foi superlegal. Bom, aí fui fazer a primeira quimio, numa clínica. Eu reagi mal, quando o remédio entrou na minha veia eu tive alergia, fechou minha traqueia, eu não conseguia respirar, tiveram que parar. Fiquei oito horas fazendo a quimio. Foi muito traumatizante, porque eu fiquei sem respirar, sem fôlego. Tive que tomar muito antialérgico. Então cada quimio era traumatizante, o antialérgico dava muitas reações também. Fora isso, tive poucas reações, aquela coisa de vomitar e tal eu não tive muito. Tive mais dor, muita dor da cirurgia. Onde eu tinha sido operada doía muito, tomava muito remédio para dor. E eu marquei na sexta porque eu queria trabalhar na segunda. Na quarta eu estava bem mal, muito fraca. Quando senti essa fraqueza eu fui de carro para o centro de oncologia. Eles tiraram meu sangue e meus glóbulos estavam muito baixos. Eu tive que tomar um remédio que ajuda a fabricar os glóbulos, por seis ou sete dias seguidos. Eu ia todo dia, comecei a ter uma rotina de visitar esse centro de oncologia, onde eu fazia a quimio também. Eu via as pessoas, comecei a ver um mundo diferente, ver como as pessoas reagiam. No começo as pessoas têm dó, mesmo no meu trabalho era assim. Depois, durante o processo da quimio, elas vão se acostumando. As pessoas preocupadas comigo e eu me fazendo de forte, querendo trabalhar, meu marido queria ir comigo nas aplicações, mas eu não deixava, ia sozinha. Levava o laptop e ficava trabalhando de lá e conversando com as pessoas. Eu conheci um cara superjovem, superalegre, que estava com câncer de próstata e que levava os amigos com ele para fazer a quimio. Eles falavam de tudo, menos da quimio. Eu falava com uma mulher, com outra. Duas pessoas que são minhas amigas hoje eu conheci lá. Uma vez uma mulher entrou no centro e quando o médico falou que o cabelo dela ia cair, ela disse que não ia fazer e foi embora. Fiquei chocada.

Eu sabia que o cabelo ia começar a cair a partir do 13º dia. Comecei a ver algumas reações, a pele ficando branca. Quando meu cabelo começou a cair, não pensei duas vezes: passei no cabeleireiro, para colocar peruca. Passei lá, peguei a peruca e nem esperei cair tudo. Mandei cortar. Quando ela cortou meu cabelo, chorei, chorei, chorei. Depois chorei de novo. Uma amiga estava comigo. Eu me olhava e pensava como ia encarar meu marido, pensava que ele ia desistir de mim, minha filha ia se assustar, meu marido ia me largar, eu só pensava nisso. Saí de lá bonita, ela colocou uma peruca maravilhosa, me maquiei e tal, e quando eu saí de lá, bem vestida e maquiada, de óculos escuros, passou um carro e o cara me paquerou. O cara olhou, falou alguma coisa. Imagina se ele soubesse que eu estava careca e toda retalhada! Aquilo foi bom. Liguei para o meu marido e avisei que eu estava careca. Ele foi para casa mais cedo, pensou que ia me ver careca e eu estava toda arrumada. Foi legal.

Eu comprei várias perucas, vários lenços, queria passar a sensação de que estava tudo bem. No fundo estava, porque eu já estava me recuperando, cada dia era um dia melhor. Eu fazia as sessões. Primeiro a quimio, depois cinco dias corridos para o outro remédio. Mal passava um período, chegava outra, e eu trabalhando. Não parei de trabalhar. A primeira vez que entrei no escritório com a peruca, eu falei para ninguém perguntar nada e toquei normal. Via que as pessoas olhavam diferente, mas eu fingia que não era comigo. Agi normal. Nesse período eu tinha palestras marcadas. Dei as palestras. Foi muito interessante. Comecei

a pesquisar, mas não queria saber da doença. Nunca entrei na internet para saber da doença. Eu queria resolver a minha aparência, queria colocar cílios, comprei maquiagem e descobri que não existe nada no mercado que ajude as mulheres a se sentirem bem. Ouvi histórias de mulheres que não faziam sexo, que perdiam seus maridos, que ficavam feias, pálidas, e eu não queria ficar assim. Porque na minha cabeça essa doença era normal, como diabetes, que já tinha cura, que eu estava fazendo um tratamento. Eu estava passando por um processo de corpo, mas de alma eu estava me sentindo purificada. Eu sempre fui muito espiritualizada e queria entender porque meu corpo estava passando por aquela transformação. Eu cheguei a fazer terapia, mas dispensei depois de duas sessões, porque achei que a terapeuta era mais doente que eu. Ela me tratava como coitadinha, mas ninguém é coitadinha porque está fazendo quimioterapia. Ela queria saber porque isso tinha acontecido, esmiuçando uma coisa que eu não sabia porque tinha acontecido. Eu parei, eu só queria conversar com as pessoas e saber como elas tinham reagido.

Descobri pessoas que reagem muito mal e usam o câncer como ferramenta para as pessoas sentirem dó delas. Só choravam, ficavam reféns, carentes. Tinha gente dramática, que tinha um cisto e tirava as duas mamas, que não queria mais viver, que achava que Deus é ingrato. E conheci outras pessoas que queriam que tudo passasse logo pra voltar para a balada, que transava com o marido numa boa. Eu, nesse período, até a mama ficar boa, nunca deixei meu marido ver. Eu achava esquisito, tinha a mama, mas não tinha o mamilo até fazer a terceira cirurgia. Eu tinha meus artifícios. Comprava lingerie, a gente transava, e ainda com mais intensidade. A libido tinha diminuído por causa do remédio, mas eu fazia questão de marcar presença. A gente brincava, saía e eu comecei a valorizar mais isso. Não mostrei a minha dor, eu não dividia muito as coisas com ele, só o que tinha a ver com os dois. O que tinha a ver só comigo eu dividia mais com as minhas amigas. Tipo, "estou com ciúmes do meu marido, estou me sentindo insegura, tenho medo de ele me largar". Falava mais com estranhos ou com quem passava por isso do que com ele. Comecei a ver que quando se age naturalmente as pessoas também te tratam naturalmente.

Depois de dois ou três meses passando pelo processo, as pessoas se surpreenderam. Acho que elas esperavam que eu sofresse mais e reclamasse mais do que eu reclamei. Teve gente que inclusive reagiu de maneira contrária, achando que eu estava fingindo ser forte. Eu sofri preconceito por não chorar. Eu não estava fingindo, só estava tocando a minha vida. Eu não queria me entregar. Não me sentia coitada. Eu me sentia feliz. Pensei que Deus estava me curando de um monte de gente. Eu não estava vendo o tempo passar e o tempo estava querendo me ver. Passei a observar as pessoas e a reparar coisas que eu não estava reparando. Passei a reparar na minha filha, que eu não estava vendo, subestimei algumas coisas. Literalmente senti que nesse período eu estava aprendendo alguma coisa, que existia um mundo diferente do que eu conhecia. Comecei a ver outras coisas. Tanto que conheci dois casos muito graves, uma amiga que estava mal e a outra que faleceu depois de lutar até o fim. E outras, com casos mais simples, se sentiram muito coitadas. Teve gente que parou de trabalhar. Hoje muita gente fala que estou melhor hoje do que eu era antes. Meu casamento melhorou muito. Hoje posso dizer que tenho um casamento sólido. Antes eu estava quase me separando. Então, eu vi que há mitos e verdades sobre isso. A verdade é que nada acontece com a gente por acaso. Ou a gente aprende ou a dose vai se repetir. Hoje tenho certeza que de câncer eu não fico mais doente, porque eu tirei o maior aprendizado possível disso. Eu precisava me entender como pessoa, não como profissional. E também não tenho mais tanto medo de morrer. Eu tinha muito medo de morrer. Sabe aquela coisa de você achar que o mundo está em suas mãos e você tem que controlar tudo? Hoje eu estou mais *light*. Voltei de Paris ontem. Eu tinha muito medo de voar de avião e hoje não tenho mais. Não sou tão relevante assim, as variáveis não podem ser controladas, como eu achava. Não vou controlar o mundo porque eu sou forte e faço tudo certinho. Então, hoje eu tenho certeza que de câncer eu nao vou morrer. O que fez com que eu tivesse câncer era um sentimento, alguma coisa, que precisou vir pra fora, ser arrancado, pra dar espaço para outra coisa. Eu consigo ser mulher hoje apesar da minha mama.

M.C.J., 45 anos, engenheira

Quando fiz 40 anos, comecei a fazer mamografia, ultrassom de mama, os controles que meu ginecologista passava. Todo ano fazia um monte de exames que eles pediam, exames de sangue etc. Aí, quando estava com 42 ou 43 anos, fui fazer um *check-up* geral ginecológico e no dia a mamografia não estava marcada, deu uma confusão no laboratório, fiz todos menos a mamografia e mandei para a ginecologista. Ela me ligou e falou que estava tudo bem, tudo ótimo nos exames, mas pediu a mamografia, só por precaução. Passou uma semana, eu não conseguia fazer. Sempre trabalhei muito – aliás, quando aconteceu eu era um carro acelerado a 320 km por hora. Bom, fiz a mamografia num sábado. Ela repetiu a chapa, e a pessoa que fez foi a primeira que começou a fazer mamografia digital no laboratório. Ainda bem, porque o que eu tinha era tão pequeno que nem ia aparecer na outra mamografia. Quando o médico viu, deu parabéns para o laboratório, porque ele diria que não tinha nada na mama. Nessa época minha avó estava com 99 anos e estava doentinha, eu era muito apegada a ela. E ela faleceu. Eu estava viajando, estava no sul, na praia. Quando voltei para casa para ir ao funeral dela, peguei os resultados da mamografia, mas não entendi. Liguei para minha ginecologista no caminho do velório e ela me disse para ir para lá imediatamente. Disse que precisaria de uma biópsia, para eu levar para ela. Eu senti que tinha alguma coisa que não estava legal. A ginecologista pediu uma biópsia urgente. Minha mãe foi comigo no dia seguinte pegar o resultado. Eu tinha que fazer um curativo, e a médica falou que eu tinha um tumor maligno na mama e que ia ter de procurar um mastologista e operar. E eu e minha mãe ficamos em estado de choque. Comecei a chorar, pensei nas minhas filhas, como ia criá-las. Até receber o diagnóstico fechado do seu caso, você tem mil fantasias, você pensa que vai morrer, em quem vai criar suas filhas, como você vai voltar para casa. Aí, a radiologista, do Einstein, foi uma fofa comigo. Disse que estava no começo. Até então eu achava que o câncer era *in situ*, que era comecinho, que não tinha vazado. Fiquei num estado assim, estranho. Liguei para o doutor Silvio, ele me encaixou no mesmo dia, e ele, aquele doce de pessoa, foi muito fofo comigo. Disse que estava tudo bem, que era um câncer *in situ*, como estava escrito no resultado do exame. Eu fui lidando com isso, era véspera de Natal. Poucos dias depois fiz a cirurgia. Fui para casa, ele falou para eu esperar o resultado.

Em princípio, para mim, estava tudo ok. Voltei para casa, estava esperando o resultado sair. Passou o Natal, eu achando que depois ia fazer só radioterapia. Depois de uns 15 dias, eu em casa fazendo ginástica, decidida a mudar de vida, meu marido disse que o doutor Silvio tinha ligado dizendo que eu precisaria fazer outra cirurgia porque tinha outras calcificações, que não era nada, mas que precisava mexer, tirar mais um pedacinho em volta do quadrante que tinha tirado, porque havia vazado. Aí fiz a cirurgia. Depois de mais 15 dias, parece que houve outro vazamento, em outro pedaço, e teria que fazer mais um pedacinho. Foi a terceira cirurgia... Agora, não me lembro direito... será que foi na segunda que fez isso? Não, lembrei: quando ia fazer a segunda, ele viu que estava tudo espalhado e que precisaria tirar a mama toda, inclusive o mamilo, mas ele não quis tirar sem me acordar, ele até conversou com meu marido, foi superlegal da parte dele, não fazer sem conversar comigo. E muito rápido, fui eu lá para a terceira cirurgia. Fui para casa e voltei no dia seguinte para fazer outra cirurgia. Fiz e acordei sem a mama. Nesse meio-tempo, tive uma consulta com o plástico, para ver como ia fazer. Você fica assim, sabe... Tem que ligar urgente e eu odiei o primeiro cara para quem liguei. Já era o cara mais careiro do mercado e foi péssimo, eu odiei ele. Eu não podia colocar silicone, e esse plástico dizendo que eu tinha que colocar silicone, horrível. Aí escolhi outro plástico. Não queria acordar mutilada. Já ia ficar sem o mamilo, não dava para acordar mutilada. Bom, voltei para casa e nessa cirurgia ele tirou todos os gânglios, já tinha dois contaminados, tem um nome isso... Fiz o esvaziamento na terceira cirurgia, já estava indo no oncologista e o cara falou que era quimioterapia, não tinha outro jeito. Então, eu fiquei sabendo aos pouquinhos, entrando em pânico. Eu fazia terapia há muitos anos e a pessoa me carregou nessa época. Ela me ajudou muito mais que meu marido, me levou pela mão mesmo.

Eu não contei para as minhas filhas, elas não souberam de nada. Nesse ano, em 2007, eu fiquei muito doente, muitas vezes. Operei a vesícula, tive dengue, tive duas gripes horríveis, precisei tomar antibiótico, fiquei de cama, derrubada, coisa que nunca tinha acontecido. E tive o câncer de mama. Então, elas já tinham me visto doente várias vezes nesse ano. Eu tinha uma menina de 3 e uma de 8 anos.

Antes da terceira cirurgia eu mandei um e-mail para todos os meus funcionários do escritório, tinha cinco ou seis pessoas, e 19 projetos em andamento, sendo dois condomínios residenciais. Era muita coisa, eu trabalhava dia e noite. Avisei todo mundo que tinha tido diagnóstico de câncer de mama. Falei que não ia continuar, que ia disponibilizar tudo o que tinha feito, todo o material que eu tinha trabalhado, mas precisava cuidar da minha saúde. Mandei por e-mail, não queria conversar com ninguém, ouvir história de ninguém, todo mundo em casa meio desesperado, mas eu não queria contar, explicar, ouvir o caso da vizinha que curou, que não curou... Até hoje ouvir essas histórias me faz mal. Parei com o trabalho e decidi me cuidar. Coincidiu com as férias escolares, falei para a minha irmã sumir com minhas filhas, que já estavam acostumadas a passar um tempo sem mim, porque eu vivia trabalhando. Elas reagiram normalmente e eu segurei a onda na frente delas. Minha sorte foi que fiquei dezembro e janeiro sem elas. Elas estavam na praia, conversávamos pelo telefone. Eu ficava o dia inteiro em casa, sozinha, fazendo quebra-cabeça. Isso me ajudou muito, porque eu me sentia despedaçada. Fiz quebra-cabeça de mil peças bem rápido. Não tinha energia para mais nada a não ser fazer quebra-cabeça. Ficava juntando aquele mosaico, e eu me achava assim também. Fiz uns coloridos, desenhos, fiz vários bem difíceis. Quando passou essa fase, eu tinha que começar a quimioterapia. Nesse ínterim, comecei a ver tudo. Não queria ficar careca de jeito nenhum! Como minhas filhas iam me ver careca? Comecei a pesquisar cabelo na internet, descobri um lugar que tem um cabelo que fica grudado. Minhas filhas se penduravam no meu cabelo. Fui nesse lugar para conhecer, e o que me ajudou foi que fiquei superamiga da cabeleireira que faz as próteses. Você não acredita, todo mundo devia fazer isso. Deus me livre usar peruca! Essa eu dormia com ela, ia na piscina, tomava banho de mar. Fui lá antes de cortar o cabelo, dei uma mexa do meu cabelo para fazerem uma igual. Ela é toda furadinha, para a cabeça respirar. Você não sente calor, coceira, nada. Ela achou um cabelo do meu comprimento e da cor do meu. Depois você faz o corte. Antes de começar a cair, eu fui ao meu cabeleireiro e levei ele junto, pra cortar depois de colocar. Depois de mim, ele se especializou nisso e fez liga com esse salão. Agora ela manda clientes direto para ele cortar, se especializou nisso. Já tava arrasada, não tinha que passar por mais estresse. A sensação de cortar o cabelo... Você vê que é mais que aquilo, que aquela coisa morta que cai no chão. Quando eu olhei, estava igualzinha ao que eu era, inclusive melhor, ficou ótimo o cabelo, um pouco diferente a cor, mas ninguém percebeu. Fazia trancinha, prendia, teve festa das crianças na escola e eu fui normalmente.

Paralelamente a isso, comecei a fazer tratamento com outro médico, super-radical, naturalista, macrobiótico, e ele me disse que câncer tinha tudo a ver com alimentação. Para mulher, câncer de mama tem tudo a ver com a alimentação. Eu sempre tive uma alimentação legal, nunca comi muita carne, não como fritura, sempre fiz bastante ginástica, mas nos últimos três ou quatro anos eu estava bem relaxada, fazia pouco, uma vez por semana. Sempre me achei muito saudável, fazia exercício e nunca me entupia de porcaria, mas eu levava uma vida muito estressante, não era só trabalhar muito, eu era dona do escritório, era superperfeccionista. Tenho pavio comprido, não boto tudo para fora, aguentava muita chatice, trabalhava com pessoas de alta classe, o que é o pior. Eu aguentava tanta coisa... Até achava que gostava, mas engolia sapo o dia inteiro. O que eu vejo é que eu tinha um nível de estresse muito alto. Minha alimentação, apesar de não ser ruim, era desequilibrada. Muitas vezes comia um sanduíche natural na frente do computador, tomava uma sopa em casa. Comia muito queijo, muito leite, tudo errado. Com a dieta desse médico, super-radical, cortei tudo. Arroz integral até no café da manhã. Só comia arroz e nada fora, nada. Durante a quimio, fazia exercício cinco ou seis vezes por semana e comia arroz integral, legume e fruta, ainda assim pouco, porque ele não gostava de muita fruta. Emagreci uns sete quilos, mas me sentia bem.

Quando comecei a fazer quimio, eu falei: "Agora que se dane todo mundo, preciso cuidar de mim". Eu sempre cuidei de todo mundo, da minha família, embora não fossem pessoas problemáticas, qualquer problema era eu quem resolvia. Então dei um tempo. Até minhas filhas, deixei para o pai dar suporte. Como eu passava mal com a quimio, o motorista me buscava, me levava para um spa aqui perto de São Paulo, um lugar lindo, onde eu tinha meu quarto cativo. Falava para meu marido não me ligar, nem levava celular e falava para o motorista me buscar três dias depois. Levava meu violão, levei álbum de fotos para arrumar, fazia ioga, fazia meditação, não queria me deixar derrubar, deixar cair. A alimentação lá era totalmente natural. Eu conseguia suportar bem a quimio, que é horrível. Aquele tempo de hospital é muito ruim. Eu tinha tanto furo no braço! A gente vai levando injeção e sabe que aquilo é um veneno, que está matando todo o resto. Mas doía tanto o braço! Várias vezes eu acordava à noite com dor da picada. Nenhuma das quimios foi tranquila. Doía muito na hora de colocar, não achava a veia e na primeira quimio eu tive alergia a uma das medicações, fechou a garganta, eu senti calor, comecei a gritar para parar. O doutor Áuro estava lá, por coincidência, mandou trocar a medicação. Foi uma experiência horrível. A gente fica lá, vê um monte de gente em estado deplorável... A quimio é um processo duro. Todo mundo tenta fazer o melhor para amenizar, mas dói, você fica passando mal. Eu parei de trabalhar totalmente, larguei tudo do jeito que estava, demorou para eu voltar. Eu fui me recuperando com o tempo, mas continuava com a dieta. Depois da quimio, fui viajar para Praga, com meu marido, foi uma viagem bacana.

Meu marido foi assim: tudo era como se fosse reunião, com itens. Câncer de mama, cirurgia, tratamento, então pronto, já tratou. Ele estava nesse esquema. Vai tratar, vai curar, está resolvido, então não fica mais com essa cara... Eu acho que isso foi uma questão. Ele tem problemas para lidar com algumas coisas. Toda vez que acontece alguma coisa ele dá uma surtada. Quando fui ter minha filha e arrebentou a bolsa, eu falei que precisávamos ir para a maternidade, ele surtou. Tirou toda a roupa, ficou correndo de cueca pelo apartamento, pegou uma mala enorme e começou a fazer a mala dele. Quase caiu da cadeira para pegar a mala. Pegou uma filmadora e começou a se filmar, falando que ele estava bem, que estava calmo. Então no segundo filho eu combinei com o taxista perto de casa para ele me levar. Em outra ocasião nosso cachorro foi atropelado, ele pegou o telefone e surtou. Ligou para um amigo que mora em Minas e começou a conversar com ele, perguntando se conhecia um *pet shop* em São Paulo. Ele não é uma pessoa tão louca, mas em alguns momentos, ele surta. E como ele já tinha dados sinais de que em momentos de desespero ele não só não ajuda como atrapalha, eu já estava preparada. Sabia que não ia poder contar com ele. Não sei se para me animar ou não, ele estava sempre fazendo piadinha; eu ia fazer quimio e ele falava que queria colocar avental também. Essas gracinhas que não têm graça, sabe? É uma maneira de negar, é defesa. Ele ficava fazendo isso o tempo inteiro. Uma vez o doutor Sílvio percebeu, ele fazia piadinha na consulta. Não eram gracinhas ruins, mas eram deslocadas. Então eu ignorei completamente. Ele me deu o apoio que eu sabia que ele podia dar, que foi apoio financeiro irrestrito. Ele cuidou de tudo para eu não me preocupar com nada, com grana, com trabalho. Ele foi nas quimios, dirigiu para mim, andou de mão dada. A gente namora desde os 16 anos, a gente se conhece bem. Ele tem essas dificuldades que são dele e não era hora de tratar disso. Não podia exigir que ele me ajudasse, porque ele não sabia como fazer. Eu tinha tido depressão durante muitos anos e ele não soube lidar. Aliás, muitas mulheres que tiveram depressão têm câncer, engraçado isso. Ele não tinha recursos internos pra me acolher mais, mas ainda assim dessa vez ele me acolheu mais do que durante a depressão. Depressão ninguém entende, ele mandava eu correr no Ibirapuera, e eu querendo morrer, ficar jogada na cama. Eu já tinha essa escola com ele, e tenho mais mágoa com ele por causa da época da depressão do que agora. Ele fez a parte dele, não forçou a barra para transar, porque eu não estava a fim... Quem me segurou no colo, me ajudou, foi minha terapeuta. Pesquisou, ligou, foi atrás, me ajudou, me carregou, me deu todo o apoio, meio mãe. Ela me deu força para ir para o spa, me ajudou a procurar, a pesquisar... Sabe aquela pessoa que ajuda em tudo? Então, foi bem isso. Meu marido acompanhou do jeito que conseguiu, não reclamou do corpo, da mama, do corpo sem pelo...

Depois que aconteceu isso, eu me permiti um monte de coisas. Não trabalhei, comecei a pesquisar novos projetos de vida. Comecei a fazer curso de fotografia, de ilustração, de ioga, então não me deprimi em nenhum momento, apesar de ter vivido uma história de depressão bem forte no passado. Eu acho até que, desta vez, estava mais inteira. Fiz muitos anos de terapia, acertei uma medicação, tomo até hoje ainda uma dose bem pequena, já cheguei a tomar doses muito altas. Acho que não deprimi porque eu já tinha passado por uma escola de depressão, sete anos de depressão forte, sem ninguém perceber. Ia trabalhar e chorava no banheiro. Então, durante o tempo do tratamento do câncer, eu era uma mulher muito mais preparada para passar por tudo isso. Já tinha curado a depressão, toda a minha tristeza já tinha ido embora. A depressão é muito pior do que o câncer, porque é uma quase morte, você tem vontade de morrer o tempo inteiro, é horrível. Acho que por isso eu não deprimi, já tinha passado essa parte, que foi bem pior. Já tinha entendido um pouco a vida, até a sua imprevisibilidade. Se tiver que morrer, tudo bem. Já tinha pensado nisso durante muito tempo.

Bom, passado um ano decidi voltar a trabalhar, mas no que eu estava a fim, para quem eu estava a fim, do jeito que eu estava a fim. Porque para ter um monte de mulher me enganando, que ficavam o dia todo nas redes sociais, eu não queria mais. Não queria mais ficar atrás disso, sair de casa para fazer isso. Eu gosto de fazer outras coisas. Filme violento eu não quero mais. Até o casamento: teve um dia que eu virei para meu marido e falei: "Já foi tudo para o saco mesmo, a profissão – coisa a que a gente se apega demais – já foi por água abaixo, o papel de mulher tá mal, não tenho cabelo, não tenho sobrancelha, mama, não tenho pelo no corpo, não tenho mais nada. Já foi tudo para o saco mesmo... então o casamento também". Tinha certas coisas que dali para a frente eu não ia aceitar mais. Falei para ele sumir por uns dois dias e fazer uma lista de tudo o que ele gostaria que eu mudasse. Porque eu sempre lutei pelo casamento, mas não queria mais ter um casamento médio, queria ter um casamento legal. Falei para ele que eu também faria uma lista e a gente se encontraria dois dias depois. Eu sempre falava sim para tudo, "só mais um, só mais um", e agora que tudo tinha ido para o alto, resolvi fazer um círculo pequeno, com só o que era essencial para minha vida. Ele foi, sumiu dois dias. Eu pensei, fiz uma listinha com "mude agora, se quiser ficar comigo" e "mude a médio prazo". A minha listinha era curta. Tipo: "não vou mais aceitar que fale mal da minha família e que grite comigo". Odeio que gritem comigo e muitas vezes ele gritava. A médio prazo era pra voltar a fazer exercício todo dia, a fazer terapia, eu quero que ele seja feliz, sabe? A gente tem uma relação antiga... Ele voltou com a listinha vazia, em branco. Disse que achou que eu era desorganizada, mas que isso não era problema. Ele disse que estava disposto a mudar, fez dieta, começou a fazer exercício, começou a terapia e disse que ia melhorar, que eu ia ver. Ele está se tratando com terapia até hoje, melhorou um monte de coisa. Ele tem muita dificuldade em muita coisa. O pai dele teve depressão e ele não aceita, fazia com o pai o que fazia comigo, mandava ir correr no Ibirapuera.

Nesse ínterim, eu escrevi um livro, que tem muito a ver com tudo isso que eu passei. Começou de brincadeira, fiz um esboço e agora estou vendo como editar. Foi superlegal fazer o livro, fiz as ilustrações, desenhei ele todo a mão. É dedicado à minha terapeuta, ao meu marido, e às minhas filhas. Uma das histórias é de uma mulher que carregava tudo nas costas, queria ser ótima profissional, sarada, anjo de pessoa. E aí, ela vai contando umas histórias para as filhas, toda atrapalhada, misturando as personagens. Ela queria ser uma supermãe e por mais que tentasse fazer tudo perfeito, ela não conseguia. Até que um dia ela é obrigada a tirar umas férias forçadas e ela conhece o Seu Silva, que é o lixeiro da rua. Ele fala para ela de coleta seletiva e que se a gente não cuida do planeta ele adoece. Ela concorda, é isso mesmo, o planeta se parecesse um pouquinho com a gente. E ela começa a fazer a coleta seletiva do lixo do planeta que era ela. Ela começa a jogar todos os sonhos de plástico no lixo de plástico, como ter o corpo da Barbie. No lixo orgânico, os sapos que ela teve que engolir, os abacaxis que descascou, os pepinos que jogaram nela. Também jogou fora o papel de supermulher, os papéis que ela queria ter. Aí ela se sente melhor e vê quantas coisas legais tem dentro dela, mas que estavam guardadas no meio do lixo. Ela começa, então, a ver a vida com outro olhar e escolher melhor as coisas. Dali em diante, ela ia escolher melhor o que ela ia deixar entrar no planeta dela, e ela estaria livre pra se reciclar quantas vezes fosse preciso. Minha filha só perguntou: "Mãe, rolou alguma coisa com o lixeiro?". Na outra história, a personagem andava nervosa, soltando os cachorros em todo mundo. A irmã dela vai viajar e deixa sete cachorros para ela passear. Só que os cachorros eram todos diferentes. Minha irmã tem realmente muitos cachorros, é veterinária, cada vez que ela brigava com um namorado, comprava um cachorro. Bom, ela vai e tenta passear com todos ao mesmo tempo. Um fica nervoso, o outro quer fazer xixi. Aí ela decide passear com cada um separadamente. Cada um no seu lugar. Um no campo, o pitbull para passear a noite e ser segurança dela, o outro para nadar, o outro para fazer social, o outro no frio. Ela fica superamiga dos cachorros e vê que deu certo levar o cachorro certo no passeio certo. Ela aprende a fazer cada coisa. Fingir-se de morta para não assumir o que não era responsabilidade dela, perseguir os sonhos, mostrar os dentes para o medo, e marcar o território – ela levanta o chinelo para o marido. Ela percebe que aprendeu bastante e que se identificava com cachorros. Tinha um lado que não gostava de ficar preso, o lado pitbull, o lado social e o antissocial. E ela percebe que não estava sendo uma boa *walkerdog* para ela mesma, conciliando todos os lados dela.

A gente tem muitos eus e ela percebeu os dela, mas sem manter nenhum no comando. Não adianta ela levar a boazinha para as reuniões, senão vai ser massacrada; não adianta levar a pitbull no trânsito. E ela vê que tem a mulher certa no momento certo.

S.M.C., 46 anos, mercado financeiro

Eu sempre fiz exames preventivos e mamografia. Já tinha câncer na família, por parte de pai. Minha tia-avó havia falecido, 3 tias tinham falecido de câncer de mama e 3 primas também tiveram o mesmo câncer, sendo que uma faleceu. Pelo histórico, já estava muito preocupada, então fazia o exame de monitoramento desde meus trinta e poucos anos. Quando estava com 39, no autoexame, percebi um caroço que doía. Fui ao ginecologista – não tinha mastologista – e ele disse que não era, mas por via das dúvidas, sugeriu um ultrassom. Não deu nada, pareceu apenas uma pequena inflamação. Tomei um remédio por um mês e, ao voltar, continuava doendo, mas não tinha crescido. Ele me deu um remédio mais forte, fiz um novo ultrassom e não apareceu nada. Mas, seguindo minha intuição, pedi para ele fazer uma punção ou algo do gênero. O médico disse que estava me preocupando demais, mas faria. Um mês depois, eu percebi que havia aumentado. Ao me ver, o médico se assustou. Fiz um novo ultrassom: nada de novo. Na semana seguinte fiz o procedimento e foi ótimo, porque ao abrir, já estava com grau 3 (avançado). Estava com 3 centímetros e já tinha pegado meus gânglios. O exame nunca se sobrepõe à sua intuição.

Eu estava tranquila porque não tinha dado nada nos exames. Quando voltei, ele já tinha olhado o que era e me disse: "Olha, está ruim, você tem uma semana pra fazer a mastectomia. Nenhum médico em sã consciência demoraria mais que isso para fazer". Ele disse que seria radical, pois estava nos gânglios. Mandou-me ir a um médico plástico para saber o que fazer depois. Tudo muito rápido! Organizei meu trabalho e, quando fui ao médico no dia seguinte, provavelmente ele me confundiu com outra paciente, que queria pôr uma prótese. Depois de alguns segundos, descobrimos o engano. Depois de 24 horas, fui ao Dr. Silvio. Estava muito confusa, pois era muita coisa acontecendo. Ele disse que eu também deveria ir a um oncologista e a um plástico.

O oncologista me esclareceu, dizendo que se estava nos gânglios poderia ter em outro local. Por isso deveria fazer um rastreamento antes da cirurgia.

Eu sempre fui muito decidida em minha vida, mas aquela semana foi a pior. A preocupação nem era a mama, mas, sim, se estivesse em outro local também. Quando fui ao cirurgião plástico, ele me apresentou várias opções, o que me deixou em dúvida: radioterapia? Nesse caso, não pode fazer implante de determinado tipo de silicone. Ou uma prótese que vai injetando soro fisiológico pra aumentar o tamanho? Enfim, estava confusa e tinha alguns dias para decidir o que fazer. Mas ao menos eu estava tendo informações suficientes. Depois de fazer todos os exames e ver que o problema estava só ali mesmo, eu pensei e – após passar uma semana dormindo pouco e pensando muito – decidi pela reconstrução. Ao voltar, ele me falou sobre a profilática do lado esquerdo. Pois já que eu tinha decidido fazer a reconstrução junto e do abdômen também, por que não fazer da outra? Fiz a reconstrução radical no lado direto e a profilática do lado esquerdo. A cirurgia mais difícil foi a de reconstrução, demorei muito para voltar ao normal.

Quarenta e cinco dias depois comecei a quimioterapia. Careca, chega uma hora em que acaba a energia. Eu estava muito chateada! Ao me olhar, já não era mais eu, por melhor que tenha sido a cirurgia. Juntando tudo isso à dor, que até hoje sinto um pouco no peito, tudo causava certa revolta. Foi invasivo, mas foi de uma vez só. Quando eu decidi fazer a quimio, já deixei meu cabelo curtinho. Depois de uns 15 dias da primeira sessão, o cabelo começou a cair. Nessa hora raspei e comprei uma peruca. A dona da loja de perucas disse que já tinha tido câncer e que sabia que eu estava ansiosa para acabar com aquilo, mas que teria que esperar um ano para minha vida voltar ao normal. E era verdade! Foi exatamente um ano, sete anos atrás.

Eu era sedentária, trabalhava umas 15 horas por dia, mas sempre fui muito feliz. Sempre fui magra, mas engordei bastante com a quimioterapia. Entrei na menopausa precocemente, engordei porque não conseguia me movimentar, o cabelo cresce diferente, essas coisas. É um processo de transformação que exige preparação da autoestima. Mas passei tranquila por todos os processos. Sempre tive namorado, que inclusive é o mesmo. Isso não mudou minha vida. A sexualidade é afetada pela menopausa e a mama tem uma diferença, mas tendo cabeça para procurar outros pontos sensíveis, tudo bem. A menopausa, realmente, é o que mais atrapalha, mas basta querer resolver a vida e dar um jeito para viver bem e ser feliz.

F.V., 41 anos , empresária

Quando recebi meu diagnóstico, estava sozinha, dirigindo e fui para a empresa. Parei no consultório do médico e ele me perguntou: "Você está com medo de morrer?". Eu respondi que não tinha medo da morte, mas sim do sofrimento. Passaram vários filmes na minha cabeça, mas não foi nada daquilo. Tudo é suportável, mas naquele momento, eu não sabia. Meu medo era do sofrimento e de que tivesse espalhado para outras partes do corpo. Quando eu recebi a resposta que não tinha, fiquei mais tranquila: parei de chorar, comecei a dormir, tomar decisões e falar com as pessoas novamente. A partir disso, voltei a ter o controle e ficar mais calma.

É claro que houve momentos difíceis, principalmente na hora de falar com a família. Quando fiz o procedimento cirúrgico, minha irmã, de Santos como todos da família, veio para ficar comigo. Levei-a de volta, passei o final de semana na Baixada e meus pais subiram para São Paulo comigo. Estava muito tranquila, mas quando vi que teria que falar para meus pais, fiquei preocupada. Principalmente com meu pai, que era emocionalmente mais frágil que minha mãe. Liguei para minha irmã e pedi a ela para inventar qualquer desculpa para fazer com que eles voltassem a Santos, pois eu não conseguiria falar com eles. Eles voltaram e, aos poucos, ela foi falando para eles, com jeito. Quando eu fui operada, aí ela contou. A família teve um papel essencial, pois nessa hora não é namorado, amigo que faz a vez. É pai e mãe. Eles ficaram comigo por 6 meses, até terminar a quimio. Era importante pra eles, verem que eu estava sendo cuidada e alimentada, mas para mim também era. Eu imagino que as pessoas são fortes porque são cuidadas. Eu me esforçava para não vê-los sofrendo. Ia trabalhar normalmente, voltava, tentava comer, enfim, sempre tentava fazer com que a vida continuasse em seu rumo normal, muitas vezes por eles.

Eu sempre fui uma pessoa crente, criada como católica. Aos 12 anos, fui para a religião japonesa chamada messiânica e isso teve um grande impacto na minha vida. Hoje eu acredito muito em alguns preceitos do espiritismo, acredito que existe uma energia no ar que pode nos ajudar ou atrapalhar. Eu sempre acreditei muito nisso e sempre fui muito aberta. Aceito passe, missa, tudo que pode me fazer bem e me trazer paz. Naquela época minha mãe fazia promessa, os Arautos do Evangelho foram em casa, minha irmã mandava reike. Foi uma mistura em casa e isso me deu paz e ajudou no processo. Não se pode entrar no processo desesperada.

Meu mastologista fez teste genético em mim, ao contrário das minhas tias, que não fizeram. Quando uma faz, é possível identificar o defeito genético. Eu não tenho filho, mas tenho irmã, sobrinha etc., por isso fiz. O exame identificou esse defeito genético. Meus irmãos também fizeram, pois uma das coisas que eu descobri é que homem também pode ter câncer de mama. Não deu nada para ninguém. A primeira vez que meu oncologista falou de quimio, radio, tratamento pós-cirúrgico, ele me disse que ia me passar uma quimio forte, mas que seria a melhor. Disse que como eu ainda era jovem, as células tinham se procriado mais rápido e por isso o tratamento não poderia ser muito simples ou fácil. Era verdade. Em dez dias o tamanho praticamente dobrou, de 3 para 6 cm. Como eu gosto muito de números, inclusive trabalho na área financeira, minha preocupação era: qual o meu percentual de voltar a ter o problema com o tratamento? Ele dizia que não podia saber e mesmo assim eu queria números. Ele: "E se eu te falar que o percentual de não voltar é de 1%, você não vai fazer?". Eu: "Não, é que ao menos eu vou saber que tenho 99% de chances de morrer e por isso vou aproveitar mais a vida". Então ele me passou as estatísticas ao longo dos anos. Depois da quimio (4 meses), quando estava terminando a radio (30 sessões), queria saber a percentagem do problema atingir os ovários. Voltei para casa e pensei: já estou na menopausa, ovário não vai servir para mais nada. Resolvi então fazer essa cirurgia de retirada também e foi bom. Retirei ovários, refiz cirurgia do abdômen porque a cicatriz não tinha ficado muito boa e fiz o mamilo. A partir daí, pronto, passou.

No primeiro ano se faz controle de 3 em 3 meses. Do segundo até o quinto, de 6 em 6. Agora faço uma vez por ano. Ainda tomo uma medicação antiestrógeno. Todo tratamento geralmente termina em 5 anos, mas meu oncologista achou melhor aumentar o acompanhamento por mais 2 anos, pois a droga era nova.

Hoje eu continuo trabalhando muito, mas tenho limite. Antes não tinha. Sempre fui uma pessoa que planejava pensando em anos, hoje planejo em dias, meses. Vivo o agora. Passei a dar valor às pessoas e no meu relacionamento isso foi fundamental. Antes era família, trabalho e depois namorado. Isso mudou um pouco. Cuidar dos sentimentos da família, namorado e dos meus, ao mesmo tempo, não é fácil, mas depois que passou toda a turbulência e vi que a pessoa continuava ali, ao meu lado, sem se importar com todas as mudanças que aconteceram, foi ótimo. Sobre se expor, no começo foi mais difícil, mas aceitei isso sem problemas. Nunca tive problema em me mostrar, mas não quero faz disso uma bandeira.

Como entrei na menopausa aos 40 anos, sabia que não poderia mais ser sedentária. Primeira coisa a fazer: ginástica (musculação), mas eu não gosto, pois sou agitada e acho muito parado. Depois de uns 4 meses, comecei a correr e isso já faz 5 anos. Foi uma mudança em minha vida, que me dá prazer, é uma coisa minha, meu momento. Posso dizer que isso foi o melhor que aconteceu em minha vida, a corrida. Mais do que a atividade física, é saber que sou capaz. Que nada me prende ou me proíbe de levar uma vida esportiva. Mesmo com menos fôlego que uma pessoa normal, mas eu consigo. Vou mais devagar, mas vou. Isso foi uma grande mudança em minha vida. Uma vez com câncer, pensei: como vou lidar com a "publicidade" disso? Nunca tinha tirado férias de 30 dias na vida, nem queria parar de trabalhar. Mas já que tinha, pensei: que seja utilidade pública. Por isso até hoje eu paro, converso, explico etc. Digo que se você puder escolher um câncer, que seja o de mama.

Na minha opinião, cada um encara o problema de maneira diferente. Na época eu fui a um terapeuta porque o médico praticamente me obrigou. Eu não via razão para aquilo, pois estava muito bem. Eu sempre fui extremamente prática. Nunca pensei: "Por que eu?". Talvez por ter feito o teste genético. Mas mesmo que seja o destino das pessoas, elas se revoltam. Eu não senti isso. Essa terapia eu faço há apenas 3 meses. Minha mãe teve câncer de pâncreas e aí foi mais sério. Ela faleceu depois de um ano e foi um processo muito difícil. Isso me "desbalanceou". Não fiz terapia na época do falecimento, mas, depois de 1 ano, eu não conseguia falar disso sem me emocionar ou chorar. A situação era diferente, pois vi a pessoa morrendo e não pude fazer nada, o que é muito difícil. Passar por isso com a minha mãe foi infinitamente mais difícil! Ela sempre foi extremamente saudável. Eu sempre me senti muito responsável por eles e, no final, a sensação é de falha. Isso me deixou mais baqueada. Sem dúvida sofri mais com ela do que comigo. O que eu percebi é que as pessoas ao seu redor sofrem mais do que você, porque elas projetam o seu sofrimento. Na verdade você nem está sofrendo. Lembro que quinze dias após a cirurgia eu tinha uma reunião importante e tinha que ir. Uma coisa que me incomodava eram os ombros e, toda vez que eu me mexia, as pessoas faziam cara de dor. Nem estava doendo, era mais um incômodo mesmo. Nessas horas a gente vê que tem mais força do que imaginamos. O ser humano tem mais energia do que pensa ter.

C.A., 45 anos, advogada

Em 2003 eu já fazia acompanhamento de seis em seis meses com exames de imagem, pois em 2000 tive que tirar o útero e meu ginecologista deixou os ovários. No entanto, se mostrava muito preocupado com as mamas. Eu não entendia por que, pois nos exames não aparecia nada. Hoje acredito que a sua preocupação era porque ele achou por bem me indicar que fizesse reposição hormonal pelo fato de eu ter tirado o útero e sabia, apesar de não ter me falado nada, dos riscos que eu corria com isso em relação às mamas, tanto que pedia para que eu fizesse os exames de seis em seis meses. Não deu outra: em 2003 finalmente apareceu um caroço na mama. Na verdade, hoje eu sei que tive muita sorte porque o meu organismo me avisou. Eu tinha feito os exames de rotina no primeiro semestre e em final de julho comecei a sentir umas pontadas muito fortes no bico da mama direita.

Liguei para o ginecologista e fiz novos exames. No exame de ultrassonografia apareceu um nódulo que, graças a Deus, estava encapsulado. Ele me disse que precisaria tirar um quadrante da mama. Num primeiro momento não fiquei com medo, queria era marcar a cirurgia o quanto antes e retirar o tumor. Na verdade acredito que quando não temos muita informação não temos muito medo e, além disso, eu confiava muito no médico. Então, neste primeiro momento não procurei nem oncologista, só queria era fazer a cirurgia e retirar o nódulo.

Assim que soube eu contei para minha família que, evidentemente, ficou mais preocupada que eu. Deram todo o apoio, e não só a família, mas todos os conhecidos e amigos me deram o maior apoio e me trouxeram informações das mais variadas e completas. E foi assim que eu comecei a ter uma noção melhor e mais detalhada do problema.

Bem, num primeiro momento, como coloquei, a operação foi realizada com sucesso e conseguimos remover o nódulo que estava encapsulado, como comentei. O que ocorreu é que o ginecologista retirou também os gânglios linfáticos debaixo do braço fazendo outro corte. Hoje sei que não haveria necessidade de fazê-lo, pois existe um teste de contraste que pode ser realizado para saber se há necessidade ou não de retirada dos gânglios. No meu caso, não haveria necessidade, uma vez que o nódulo estava encapsulado. Se eu tivesse procurado um oncologista teria sabido disto, mas confiei inteiramente no meu médico. Por que este teste seria superimportante? Porque se tivesse sido realizado antes da operação não haveria a necessidade da retirada dos gânglios e o meu braço não teria ficado prejudicado.

Não achei legal, por que ele (acredito que não sabia da possibilidade de ser feito o teste) não me preveniu das consequências de retirada dos gânglios e, se não fosse por causa de minha sogra, que me preveniu que eu deveria fazer fisioterapia, teria ficado com o braço direito totalmente comprometido em relação aos movimentos. Além disso, quando o questionei a esse respeito, sua postura foi esquiva e não participativa, mostrando que queria se eximir de responsabilidade. Ainda havia a dúvida de se eu teria que fazer quimioterapia ou só radioterapia. Só consegui tirar essa dúvida quando procurei um oncologista, que me esclareceu. O oncologista me explicou que, como o meu nódulo era encapsulado e de tamanho reduzido, não haveria a necessidade de quimioterapia. Outro fato que também me deixou insegura em relação ao meu ginecologista foi o momento que eu deveria começar a hormonioterapia. O ginecologista disse que eu deveria começar imediatamente após a operação, mas o médico responsável pela radioterapia foi contra e disse que eu deveria começar a tomar depois que tivesse terminado as seções. Quando fui questionada pelo ginecologista se já tinha começado, eu disse que não, pois havia sido orientada pelo médico a não fazê-lo antes de terminar as seções de radioterapia. Ele ficou muito bravo e pedi a ele que fosse falar com o médico, pois, para mim, como paciente, era muito complicado ficar levando recado de um médico para outro, principalmente quando havia divergências. Finalmente, decidi trocar de ginecologista e, além disso, decidi acatar a decisão do médico responsável pela radioterapia e comecei a hormonioterapia depois que as seções de radio terminaram. Continuei tomando o remédio durante cinco anos e já recebi alta do oncologista. Continuo com os exames de rotina com o novo médico mastologista e ginecologista.

Sempre fui uma pessoa de muita fé em Deus e Nossa Senhora e, principalmente nessa fase, desde a operação até a recuperação, a minha fé foi muito importante. Tenho certeza que foi Deus e Nossa Senhora que me ajudaram. Até agora não obtive uma resposta categórica dos médicos sobre se foi o fato de eu ter feito reposição hormonal durante três anos que causou o meu câncer na mama. Os médicos não quiseram se responsabilizar. Mas é claro que a verdade acaba aparecendo, pois depois da operação fiz um teste, que é obrigatório e revela qual foi a causa do tumor, e o resultado foi o hormônio estrógeno. Então fica fácil concluir, não? O primeiro ginecologista deveria saber que, se eu tomasse o hormônio de reposição que ele tinha recomendado, haveria o risco disso acontecer. Inclusive, hoje em dia é matéria pacificada, muitas mulheres já estão usando métodos alternativos quando entram na menopausa para evitar esse risco. No meu caso, tenho conversado bastante a respeito disso com o Dr. T.L. e ele disse que, quando o momento chegar, vamos encontrar uma solução. O interessante é que, apesar de ter feito hormonioterapia por cinco anos e ela induzir a menopausa, ainda não entrei nessa fase. Por isso, fui procurar o Dr. T.L. e hoje sigo as orientações da medicina integrativa que ele aplica. Depois de analisar os meus exames, ele fez uma fórmula de acompanhamento que venho tomando há mais de seis meses. Posso dizer que o meu estado geral está bom e, é claro, já identificamos algumas tendências até genéticas que estamos sempre monitorando para que não se agravem, procurando conseguir o equilíbrio do organismo. Para isso, além da fórmula indicada pelo Dr. T.L., estou fazendo pilates, esteira e um pouco de musculação, sempre que tenho condições.

No entanto, sabemos que a própria vida não é regrada e nos apresenta certos imprevistos para os quais não estamos preparados. Agora estou falando de problemas familiares e de trabalho. Esses problemas precisam ser muito bem trabalhados para que não prejudiquem o organismo. É para isso que tenho lutado ultimamente: enfrentar os problemas de uma forma saudável e positiva. Antes do câncer, eu assumia responsabilidades que não eram minhas, ficava muito triste com as coisas erradas que aconteciam no mundo e ao meu redor. Hoje, sei que se eu não procurar enxergar mais coisas boas nas pessoas e na vida não poderei ser saudável nem feliz. No entanto, devo confessar que para mim é difícil ser feliz assistindo a tanta coisa triste e vendo tanta gente sofrendo ao meu redor. Sei que minha participação é importante, faço e participo de diversos trabalhos voluntários, mas tenho a consciência de que somos apenas um grão de areia, que temos que fazer o que for possível e, apesar dessa consciência, tentar ser feliz e curtir as coisas boas da vida. É um exercício diário de reflexão e ação. É muito difícil.

Quando recebi o diagnóstico, tive a certeza que, por infelicidade, estava nas mãos do médico errado, que acertou num primeiro momento, quando decidiu tirar meu útero e deixar os ovários para que eu não entrasse em menopausa precoce, fez uma ótima operação, mas depois errou em prescrever o hormônio sem necessidade alguma, alegando que estava querendo proteger a minha mama, sendo que não havia nem tirado os ovários. Proteger de quê? Com hormônios, sendo que havia o risco de contrair câncer? Mas como disse, eu confiava muito nele e não questionei. Foi bom para aprender, a duras penas, que devemos nos manter sempre muito bem informados, pois só a informação certa é que vai nos ajudar.

Tive a certeza de que devemos sempre estar atentos e informados, para que não sejamos prejudicados. Então, nesse aspecto, a minha postura mudou em relação à vida. Hoje, procuro me manter bem informada e pergunto muito, procuro pessoas abalizadas para me orientar sobre algum assunto que não entendo etc., pois sei que só assim se conseguem resultados positivos.

Quando soube que precisaria me operar, eu tinha finalmente conseguido uma vaga para fazer o curso de pós-graduação que tanto queria, em Direito Ambiental. A minha preocupação era apenas uma: será que eu conseguiria concluí-lo?

Informei o meu professor do primeiro ano, que foi um estúpido, dizendo: "E eu com isso?". Nessa hora precisei de muita força para justificar minha faltas, mas, por outro lado, acredito que o fato de estar fazendo pós-graduação me ajudou muito, me motivou a recomeçar e não abandonar meus sonhos. Assim, logo depois da operação retomei as aulas até antes de começar as seções de radioterapia. Consegui passar nas provas do primeiro ano, inclusive com o tal professor, e no segundo ano foram só flores. Portanto, me sinto uma pessoa realizada pessoal e profissionalmente, muito feliz e agradecida a todos que me ajudaram nesse processo: a família, os amigos, os profissionais da área médica, os profissionais que me ajudaram no meu trabalho. A lista é imensa e que inclui você, com certeza, por me dar a oportunidade de contar a minha história de superação, de não desistir nunca, de continuar a ajudar as pessoas e cuidar da saúde, pois sem ela sabemos que não somos nada, não é verdade?

Em relação às teorias de câncer de mama, prefiro deixar para que os médicos competentes e os cientistas encontrem as respostas, pois não me sinto capaz de tal empreitada. Como contei, sou advogada, e é de Direito que eu entendo.

No entanto, gostaria de dizer que acredito que eles têm a obrigação de estar a par das últimas descobertas e nós, pacientes, temos o direito às informações precisas, completas, e as consequências a que estamos sujeitos. Pois, da mesma forma, posso prejudicar o meu cliente se não souber dos riscos que ele corre e das últimas atualizações legais. Não posso parar o meu trabalho para só me dedicar a essa pesquisa. É por isso que fui procurar o Dr. T.L., que participa de todos os congressos, se atualiza, sabe das últimas novidades. O que quero dizer é que, para mim, o mais importante é saber quem está nos orientando. Quem está cuidando de você? É um médico engajado? É um médico antenado, preocupado com as últimas descobertas, com as últimas pesquisas, ou é um que, por não fazer nada disso, se exime da responsabilidade? Isso é o mais importante. O resto é consequência. Você pode trocar ideias com seu médico sobre suas dúvidas e suas preocupações, e também sobre o que ouviu falar, se é mito ou realidade. Precisamos sempre checar as informações, pois muitas vezes não vêm de fontes fidedignas e não podem ser levadas à sério.

Não pensei sobre isso, só sabia que queria viver para realizar meus sonhos e tratei de fazer tudo que estava ao meu alcance para conseguir me curar e continuar meu trabalho.

Graças a Deus eu fazia exame de seis em seis meses. No entanto, como diz o Dr. T.L., eu escuto muito o meu organismo e ele me alerta sempre. Foi por isso que refiz os exames que já havia feito e descobri rapidamente o câncer.

Num primeiro momento, confiei cegamente no médico que não era especialista e fiz a operação. Depois, refletindo sobre o porquê eu havia passado por aquilo, tenho certeza que é preciso consultar um médico para cada especialidade.

Sites e associações
para ajuda ao paciente com câncer

ASCO's Advocacy Toolkit
(Sociedade Americana de Oncologia Clínica)

Os formuladores de políticas, locais e nacionais, tomam decisões todos os dias que influenciam diretamente o atendimento ao paciente e a pesquisa que conduz o tratamento do câncer. Os oncologistas são especialmente qualificados para se comunicar com o Congresso e a Administração sobre políticas eficazes para fornecer o melhor atendimento de qualidade. Estabelecer relações com os membros do Congresso é o primeiro passo para influenciar o diálogo. Aqui se acha o site da maior associação americana para estudo e tratamento do câncer e as ações públicas junto ao Congresso americano para melhorar a luta contra o câncer.

ASCO's Advocacy Guide

Apostila elaborada pela ASCO (Sociedade Americana de Oncologia Clínica) para informar pacientes e cuidadores sobre como se tornar um "Cancer Advocate", ou seja, alguém que luta pela melhoria do acesso e tratamento do câncer em todo o mundo.

ESMO's Cancer Guides for Patients (Sociedade Europeia de Oncologia Clínica)

Este guia para pacientes foi projetado para ajudar os pacientes, seus familiares e cuidadores a entender melhor a natureza dos diferentes tipos de câncer e avaliar as melhores opções de tratamento disponíveis.

ESMO Patient Advocacy Track

A defesa do paciente permite que a ESMO apoie e promova a igualdade de acesso ao tratamento e ao tratamento ideal do câncer. Anteriormente conhecidos como "ESMO Patient Seminars", estas reuniões cumprem um dos objetivos mais importantes da ESMO: disseminar conhecimento para grupos de defesa, associações de doentes oncológicos, profissionais de saúde e o público.

ESMO Advocacy Facebook Group

Grupo de defesa de pacientes ESMO. Este grupo é para o intercâmbio e educação de pacientes com câncer e seus defensores. Local para substanciamento e reivindicações com referências a fontes confiáveis de informação. As postagens comerciais são excluídas e os originadores bloqueados do grupo. É uma fonte informativa e confiável de informações para nossa comunidade!

Cancer Patient Care: Advocacy in Action

A ESMO fornece uma plataforma para que grupos de defesa de pacientes se reúnam e discutam tópicos importantes relacionados ao tratamento do câncer através da coorganização de Fóruns Europeus de Advocacy in Action® nos Congressos anuais da ESMO. Os fóruns são coorganizados pelo Grupo de Trabalho de Pacientes com Câncer da ESMO e o produtor, Vital Options International, em colaboração com o Comitê Consultivo de Pacientes da ECCO. Os principais grupos europeus e internacionais de pacientes com câncer, assim como os principais profissionais de oncologia, participam regularmente dos fóruns anuais de *advocacy* em ação para discutir questões-chave no atendimento ao paciente.

Guide for Patients with Advanced Cancer: Getting the Most Out of Your Oncologist

Guias projetados para ajudar os pacientes, seus familiares e cuidadores a entender melhor a natureza dos diferentes tipos de câncer e avaliar as melhores opções de tratamento disponíveis.

Guia para pacientes com câncer avançado: em uma parceria exclusiva com oncologistas, pacientes e grupos de defesa do paciente, a ESMO produziu este guia para ajudar pacientes com câncer avançado e seus oncologistas.

Para os pacientes e seus familiares: fornece conselhos práticos sobre cuidados oncológicos, comunicação com oncologistas, perguntas importantes a serem feitas, obtenção de informações e os desafios de conviver com um câncer avançado.

Para a prática de oncologistas: o guia servirá como uma ferramenta para ajudar a focalizar discussões importantes com seus pacientes e a abordar as muitas questões que seus pacientes estão enfrentando. Você também pode acessar o guia de acompanhamento: "Manual do Usuário para Clínicos de Oncologia" no OncologyPRO.

ESMO Designated Centres of Integrated Oncology & Palliative Care

O programa de acreditação de Centros de Oncologia Integrada e Cuidados Paliativos Designados pela ESMO foi iniciado em 2003, no qual centros de câncer podem receber reconhecimento especial por alcançar um alto padrão de integração de oncologia médica e cuidados paliativos. Centros de combate ao câncer que prestam serviços abrangentes em cuidados paliativos e de apoio como parte de seus cuidados de rotina podem solicitar o reconhecimento da ESMO como um "Centro de Oncologia Integrada e Cuidados Paliativos Designados pela ESMO". A designação ESMO é válida por três anos e os centros podem reaplicar.

Breast 360

Idealizado pela Sociedade Americana de Cirurgiões de Mama, o objetivo do Breast360.org é envolver, educar e capacitar os leitores para que eles possam tomar melhores decisões com base em seus cuidados com a saúde da mama.

Breast Cancer Foundation/Susan Komen

Fundação de apoio e informações sobre câncer de mama americana, porém com ações mundiais, inclusive no Brasil.

Federação Brasileira de Instituições Filantrópicas de Apoio à Saúde da Mama – FEMAMA

A FEMAMA – Federação Brasileira de Instituições Filantrópicas de Apoio à Saúde da Mama é uma associação civil, sem fins econômicos, que busca ampliar o acesso ágil e adequado ao diagnóstico e ao tratamento do câncer de mama para todas as pacientes e, com isso, reduzir os índices de mortalidade pela doença no Brasil. Está presente na maioria dos estados brasileiros por meio de ONGs associadas, atuando na articulação de uma agenda nacional única para influenciar a criação de políticas públicas de atenção à saúde da mama.

Instituto Nacional do Câncer

O site do Instituto Nacional do Câncer tem publicações sobre dados brasileiros de tratamento, acesso, políticas públicas, métodos de rastreio e publicações informativas de todos os tipos de câncer, especialmente os mais frequentes em nosso país. Além disso, mostra estatísticas oficiais sobre incidência, mortalidade e prevalência do câncer no Brasil por período e por região.

Instituto do Câncer do Estado de São Paulo (ICESP) – Espaço do Paciente

O Icesp é uma instituição de atendimento especializado em tratamento oncológico que segue os princípios do Sistema Único de Saúde (SUS). O hospital atende apenas pacientes encaminhados pela rede estadual de saúde, ou seja, que foram diagnosticados com câncer em atendimentos médicos realizados nas unidades básicas de saúde, ambulatórios de especialidades e hospitais gerais. O encaminhamento para o Icesp é viabilizado por meio de uma Central de Regulação de Vagas, em conjunto com as Secretarias de Saúde (do estado e do município), priorizando regiões da cidade que tenham o Instituto do Câncer como referência. Disponibiliza informações sobre os principais tipos de câncer, formas de encaminhamento para o Icesp e métodos de prevenção e informações úteis para todos os brasileiros.

Instituto Oncoguia

Instituto Oncoguia é uma ONG e portal informativo e interativo voltado para a qualidade de vida do paciente com câncer, seus familiares e público em geral.

Américas Amigas

Américas Amigas é uma Organização Não Governamental (ONG) e Entidade Promotora dos Direitos Humanos. Tem como missão reduzir as taxas de mortalidade por câncer de mama entre as brasileiras, principalmente entre as mulheres em situação de vulnerabilidade social, por meio da detecção e diagnóstico precoce da doença.

Viva Melhor

Localizada em Santo André (SP), a Associação Viva Melhor tem como objetivo facilitar a reabilitação física, emocional e estética de mulheres com câncer de mama.

A entidade oferece um atendimento totalmente voltado à assistência da mulher com câncer. Em parceria com a Pró-Pharmacos e Morisco, desenvolveu um sutiã exclusivo para as necessidades específicas da mulher mastectomizada. Sua estrutura permite a produção de 50 próteses/mês que são confeccionadas por voluntários e conta com quatro máquinas de costura além do empréstimo de cerca 16 perucas/mês.

Amigas da Mama

A Associação foi fundada em 2001 pela união de mulheres que vivenciaram o câncer de mama. Hoje, através de voluntariado, revertem a experiência que tiveram em prol de outras mulheres que precisam de apoio para enfrentar a doença.

União e Apoio no Combate ao Câncer de Mama (UNACCAM)

A UNACCAM foi criada com o objetivo de atuar no combate do câncer de mama em todo o Estado de São Paulo. Visa formar voluntários capacitados para oferecer apoio aos pacientes e ao mesmo tempo divulgar as principais formas de prevenção dessa doença. Alguns voluntários realizam a arteterapia como complemento no tratamento médico. Comprovado cientificamente, esse método traz muitos benefícios à qualidade de vida do paciente ampliando a adesão às orientações médicas.

Instituto Protea

O Instituto Protea tem como missão proporcionar, de maneira ágil e com qualidade, o tratamento do câncer de mama para mulheres de baixa renda.

Trata-se de um grupo de pessoas que luta diariamente para aumentar o número de mulheres tratadas com câncer de mama e diminuir o tempo de espera pelo tratamento para que se possa mudar a mortalidade e aumentar a sobrevida do câncer de mama no Brasil.

Referências

Capítulo 1

[1] Howlader N, Noone AM, Krapcho M, et al. SEER Cancer Statistics Review, 1975-2012. Bethesda, MD: National Cancer Institute; 2015. http://seer-cancergov/csr/1975_2012/

[2] Siegel RL, Miller KD, Jemal A. Cancer statistics, 2016. CA Cancer J Clin. 2016;66:7–30. PMID: 26742998.

[3] Crowley J, Hoering A (eds.). Handbook of Statistics in Clinical Oncology, 3rd ed. Boca Raton, FL: Chapman & Hall/CRC Taylor & Francis Group; 2012.

[4] Jaeschke R, Guyatt G, Shannon H, et al. Basic statistics for clinicians: 3. Assessing the effects of treatment: measures of association. Can Med Assoc J. 1995;152:351–357. PMID: 7828099.

[5] Robbins Basic Pathology. 10th Edition. Authors: Vinay Kumar, Abul Abbas, Jon Aster. ISBN: 9780323353175. Elsevier. Published Date: 28th March 2017.

[6] Morrow M. The evaluation of common breast problems. Am Fam Physician 2000; 61:2371.

[7] Klein S. Evaluation of palpable breast masses. Am Fam Physician 2005; 71:1731.

[8] Schoonjans JM, Brem RF. Fourteen-gauge ultrasonographically guided large-core needle biopsy of breast masses. J Ultrasound Med 2001; 20:967.

[9] Gutwein LG, Ang DN, Liu H, et al. Utilization of minimally invasive breast biopsy for the evaluation of suspicious breast lesions. Am J Surg 2011; 202:127.

[10] Wang M, He X, Chang Y, et al. A sensitivity and specificity comparison of fine needle aspiration cytology and core needle biopsy in evaluation of suspicious breast lesions: A systematic review and meta-analysis. Breast 2017; 31:157.

[11] White J, Kearins O, Dodwell D, et al. Male breast carcinoma: increased awareness needed. Breast Cancer Res 2011; 13:219.

[12] Siegel RL, Miller KD, Jemal A. Cancer statistics, 2019. CA Cancer J Clin 2019; 69:7.

[13] Giordano SH. Breast Cancer in Men. N Engl J Med 2018; 378:2311.

[14] Anderson WF, Althuis MD, Brinton LA, Devesa SS. Is male breast cancer similar or different than female breast cancer? Breast Cancer Res Treat 2004; 83:77.

Capítulo 2

[1] Robbins Basic Pathology. 10th Edition. Authors: Vinay Kumar, Abul Abbas, Jon Aster. ISBN: 9780323353175. Elsevier. Published Date: 28th March 2017.

[2] Atlas of Human Anatomy. 6th Edition. Authors: Frank Netter. ISBN: 9780323390095. Saunders. Published Date: 24th March 2014.

[3] Guyton and Hall Textbook of Medical Physiology. 13th Edition. Authors: John Hall. ISBN: 9781455770052. Saunders. Published Date: 20th May 2015.

[4] Yaffe MJ. AAPM tutorial. Physics of mammography: image recording process. Radiographics 1990; 10:341.

[5] Bushberg JT, Seibert JA, Leidholdt EM Jr, Boone JM. The Essential Physics of Medical Imaging, 2nd, Lippincott Williams & Wilkins, Philadelphia 2002.

[6] Hendrick RE, Berns EA. Optimizing techniques in screen-film mammography. Radiol Clin North Am 2000; 38:701.

[7] Morrow M. The evaluation of common breast problems. Am Fam Physician 2000; 61:2371.

[8] Lee JM, Arao RF, Sprague BL et al. Performance of Screening Ultrasonography as an Adjunct to Screening Mammography in Women Across the Spectrum of Breast Cancer Risk. JAMA Intern Med. 2019.

[9] Hulka CA, Smith BL, Sgroi DC, et al. Benign and malignant breast lesions: differentiation with echo-planar MR imaging. Radiology 1995; 197:33.

[10] Bluemke DA, Gatsonis CA, Chen MH, et al. Magnetic resonance imaging of the breast prior to biopsy. JAMA 2004; 292:2735.

[11] Degani H, Gusis V, Weinstein D, et al. Mapping pathophysiological features of breast tumors by MRI at high spatial resolution. Nat Med 1997; 3:780.

[12] US Preventive Services Task Force. Screening for breast cancer: U.S. Preventive Services Task Force recommendation statement Ann Intern Med. 2009;151(10):716.

[13] World Health Organization. Breast cancer: prevention and control; 2015. http://www.who.int/cancer/detection/breastcancer/en/

[14] Siu AL, U.S. Preventive Services Task Force. Screening for Breast Cancer: U.S. Preventive Services Task Force Recommendation Statement. Ann Intern Med. 2016;164(4):279. Epub 2016 Jan 12.

[15] Morrow M. The evaluation of common breast problems. Am Fam Physician. 2000;61(8):2371.

[16] Giuliano AE, Hunt KK, Ballman KV et al. Axillary dissection vs no axillary dissection in women with invasive breast cancer and sentinel node metastasis: a randomized clinical trial. JAMA. 2011;305(6):569.

[17] Galimberti V, Cole BF, Zurrida S, et al. International Breast Cancer Study Group Trial 23-01 investigators. Axillary dissection versus no axillary dissection in patients with sentinel-node micrometastases (IBCSG 23-01): a phase 3 randomised controlled trial. Lancet Oncol. 2013 Apr;14(4):297-305. Epub 2013 Mar 11.

[18] Hendrick RE, Berns EA. Optimizing techniques in screen-film mammography. Radiol Clin North Am. 2000;38(4):701.

Capítulo 3

[1] Howlader N, Noone AM, Krapcho M, et al. SEER Cancer Statistics Review, 1975-2012. Bethesda, MD: National Cancer Institute; 2015. http://seer-cancergov/csr/1975_2012/

[2] Siegel RL, Miller KD, Jemal A. Cancer statistics, 2016. CA Cancer J Clin. 2016;66:7–30. PMID: 26742998.

[3] Tonelli M, Connor Gorber S, Joffres M et al. Canadian Task Force on Preventive Health Care. Recommendations on screening for breast cancer in average-risk women aged 40-74 years. CMAJ. 2011;183(17):1991.

[4] Screening for breast cancer: U.S. Preventive Services Task Force recommendation statement. US Preventive Services Task Force. Ann Intern Med. 2009;151(10):716.

[5] NCCN Guidelines for Detection, Prevention, & Risk Reduction Breast Cancer Screening and Diagnosis. https://www.nccn.org/store/login/login.aspx?ReturnURL=https://www.nccn.org/professionals/physician_gls/pdf/breast-screening.pdf

[6] Carney PA, Miglioretti DL, Yankaskas BC et al. Individual and combined effects of age, breast density, and hormone replacement therapy use on the accuracy of screening mammography. Ann Intern Med. 2003;138(3):168.

[7] Pisano ED, Gatsonis C, Hendrick E et al. Diagnostic performance of digital versus film mammography for breast-cancer screening. N Engl J Med. 2005;353(17):1773. Epub 2005 Sep 16.

[8] Miller AB, Wall C, Baines CJ et al. Twenty five year follow-up for breast cancer incidence and mortality of the Canadian National Breast Screening Study: randomised screening trial. BMJ. 2014;348:g366. Epub 2014 Feb 11.

[9] Yen AM, Duffy SW, Chen TH et al. Long-term incidence of breast cancer by trial arm in one county of the Swedish Two-County Trial of mammographic screening. Cancer. 2012 Dec;118(23):5728-32. Epub 2012 May 17.

[10] Diretrizes para a detecção precoce do câncer de mama no Brasil/Instituto Nacional de Câncer José Alencar Gomes da Silva. Rio de Janeiro: INCA, 2015. 168 p.: il. color. ISBN 978-85-7318-273-6 (versão impressa). ISBN 978-85-7318-274-3

https://www.inca.gov.br/sites/ufu.sti.inca.local/files//media/document//diretrizes_deteccao_precoce_cancer_mama_brasil.pdf (acessado em julho de 2019)

[11] Linei Augusta Brolini Dellê Urban, Luciano Fernandes Chala, Selma di Pace Bauab et al. Breast cancer screening: updated recommendations of the Brazilian College of Radiology and Diagnostic Imaging, Brazilian Breast Disease Society, and Brazilian Federation of Gynecological and Obstetrical Associations. Radiol Bras. 2017 Jul/Ago;50(4):244–249.

[12] Gartlehner G, Thaler K, Chapman A et al. Mammography in combination with breast ultrasonography versus mammography for breast cancer screening in women at average risk. Cochrane Database Syst Rev. 2013.

[13] Elmore JG, Reisch LM, Barton MB et al. Efficacy of breast cancer screening in the community according to risk level. J Natl Cancer Inst. 2005;97(14):1035.

[14] Keefe FJ, Hauck ER, Egert J et al. Mammography pain and discomfort: a cognitive-behavioral perspective. Pain. 1994;56(3):247.

[15] Kornguth PJ, Rimer BK, Conaway MR et al. Impact of patient-controlled compression on the mammography experience. Radiology. 1993;186(1):99.

[16] Markle L, Roux S, Sayre JW. Reduction of discomfort during mammography utilizing a radiolucent cushioning pad. Breast J. 2004;10(4):345.

[17] Anthony B Miller, Claus Wall, Cornelia J Baines et al. Twenty five year follow-up for breast cancer incidence and mortality of the Canadian National Breast Screening Study: randomised screening trial. BMJ 2014;348:g366 doi: https://doi.org/10.1136/bmj.g366

[18] Lee JM, Georgian-Smith D, Gazelle GS et al. Detecting nonpalpable recurrent breast cancer: the role of routine mammographic screening of transverse rectus abdominis myocutaneous flap reconstructions. Radiology. 2008;248(2):398. Epub 2008 Jun 6.

[19] Noroozian M, Carlson LW, Savage JL et al. Use of Screening Mammography to Detect Occult Malignancy in Autologous Breast Reconstructions: A 15-year Experience. Radiology. 2018;289(1):39. Epub 2018 Aug 21.

[20] Lee JM, Arao RF, Sprague BL et al. Performance of Screening Ultrasonography as an Adjunct to Screening Mammography in Women Across the Spectrum of Breast Cancer Risk. JAMA Intern Med. 2019.

[21] Peters NH, Borel Rinkes IH, Zuithoff NP et al. Meta-analysis of MR imaging in the diagnosis of breast lesions. Radiology. 2008;246(1):116.

[22] Esserman L, Hylton N, Yassa L et al. Utility of magnetic resonance imaging in the management of breast cancer: evidence for improved preoperative staging. J Clin Oncol. 1999;17(1):110.

[23] DeMartini W, Lehman C. A review of current evidence-based clinical applications for breast magnetic resonance imaging. Top Magn Reson Imaging. 2008;19(3):143.

[24] Schrag D, Kuntz KM, Garber JE et al. Life expectancy gains from cancer prevention strategies for women with breast cancer and BRCA1 or BRCA2 mutations. JAMA. 2000;283(5):617.

[25] Gutwein LG, Ang DN, Liu H et al. Utilization of minimally invasive breast biopsy for the evaluation of suspicious breast lesions. Am J Surg. 2011;202(2):127. Epub 2011 Feb 3.

[26] Levin DC, Parker L, Schwartz GF et al. Percutaneous needle vs surgical breast biopsy: previous allegations of overuse of surgery are in error. J Am Coll Radiol. 2012 Feb;9(2):137-40.

[27] Wang M, He X, Chang Y, Sun G et al. A sensitivity and specificity comparison of fine needle aspiration cytology and core needle biopsy in evaluation of suspicious breast lesions: A systematic review and meta-analysis. Breast. 2017;31:157. Epub 2016 Nov 17.

[28] Zuiani C, Mazzarella F, Londero V et al. Stereotactic vacuum-assisted breast biopsy: results, follow-up and correlation with radiological suspicion. Radiol Med. 2007;112(2):304. Epub 2007 Mar 19.

[29] Kettritz U, Rotter K, Schreer I et al. Stereotactic vacuum-assisted breast biopsy in 2874 patients: a multicenter study. Cancer. 2004;100(2):245.

[30] Singletary SE. Surgical margins in patients with early-stage breast cancer treated with breast conservation therapy. Am J Surg. 2002;184(5):383.

[31] Bromham N, Schmidt-Hansen M, Astin M et al. Axillary treatment for operable primary breast cancer. Cochrane Database Syst Rev. 2017;1:CD004561. Epub 2017 Jan 4.

Capítulo 4

[1] Oeffinger KC, Fontham ET, Etzioni R et al. Breast Cancer Screening for Women at Average Risk: 2015 Guideline Update From the American Cancer Society. JAMA. 2015;314(15):1599.

[2] MINISTÉRIO DA SAÚDE. Cadernos de Atenção primária: Rastreamento. Brasilia: DF, 2013. Disponível em: http://bvsms.saude.gov.br/bvs/publicacoes/rastreamento_caderno_atencao_primaria_n29.pdf

[3] Boyd NF, Guo H, Martin LJ et al. Mammographic density and the risk and detection of breast cancer. N Engl J Med. 2007;356(3):227.

[4] Eliassen AH, Colditz GA, Rosner B et al. Adult weight change and risk of postmenopausal breast cancer. JAMA. 2006;296(2):193.

[5] Ravdin PM, Cronin KA, Howlader N et al. The decrease in breast-cancer incidence in 2003 in the United States. N Engl J Med. 2007;356(16):1670.

[6] Zahl PH, Maehlen J et al. A decline in breast-cancer incidence. N Engl J Med. 2007;357(5):510.

[7] Gaudet MM, Carter BD, Brinton LA et al. Pooled analysis of active cigarette smoking and invasive breast cancer risk in 14 cohort studies. Int J Epidemiol. 2017;46(3):881.

[8] Lauby-Secretan B, Scoccianti C, Loomis D et al. Body Fatness and Cancer Viewpoint of the IARC Working Group. N Engl J Med. 2016;375(8):794.

[9] Premenopausal Breast Cancer Collaborative Group, Schoemaker MJ, Nichols HB, Wright LB. JAMA Oncol. 2018;4(11):e181771. Epub 2018 Nov 8.

[10] Prospective Studies Collaboration, Whitlock G, Lewington S, Sherliker P et al. Body-mass index and cause-specific mortality in 900 000 adults: collaborative analyses of 57 prospective studies. Lancet. 2009;373(9669):1083. Epub 2009 Mar 18.

[11] Lynch BM, Neilson HK, Friedenreich CM. Physical activity and breast cancer prevention. Recent Results Cancer Res. 2011;186:13.

[12] Fairey AS, Courneya KS, Field CJ et al. Effects of exercise training on fasting insulin, insulin resistance, insulin-like growth factors, and insulin-like growth factor binding proteins in postmenopausal breast cancer survivors: a randomized controlled trial. Cancer Epidemiol Biomarkers Prev. 2003;12(8):721.

[13] Key TJ, Appleby PN, Reeves GK et al. Steroid hormone measurements from different types of assays in relation to body mass index and breast cancer risk in postmenopausal women: Reanalysis of eighteen prospective studies. Steroids. 2015;99(Pt A):49. Epub 2014 Oct 7.

[14] Missmer SA, Eliassen AH, Barbieri RL et al. Endogenous estrogen, androgen, and progesterone concentrations and breast cancer risk among postmenopausal women. J Natl Cancer Inst. 2004;96(24):1856.

[15] Beattie MS, Costantino JP, Cummings SR et al. Endogenous sex hormones, breast cancer risk, and tamoxifen response: an ancillary study in the NSABP Breast Cancer Prevention Trial (P-1). J Natl Cancer Inst. 2006;98(2):110.

[16] Pizot C, Boniol M, Mullie P et al. Physical activity, hormone replacement therapy and breast cancer risk: A meta-analysis of prospective studies. Eur J Cancer. 2016 Jan;52:138-54. Epub 2015 Dec 11.

[17] White AJ, DeRoo LA, Weinberg CR et al. Lifetime Alcohol Intake, Binge Drinking Behaviors, and Breast Cancer Risk. Am J Epidemiol. 2017;186(5):541.

[18] Cao Y, Willett WC, Rimm EB et al. Light to moderate intake of alcohol, drinking patterns, and risk of cancer: results from two prospective US cohort studies. BMJ. 2015;351:h4238. Epub 2015 Aug 18.

[19] Aexander DD, Morimoto LM, Mink PJ et al. Summary and meta-analysis of prospective studies of animal fat intake and breast cancer. Nutr Res Rev. 2010 Jun;23(1):169-79. Epub 2010 Feb 25.

[20] Bauer SR, Hankinson SE, Bertone-Johnson ER et al. Plasma vitamin D levels, menopause, and risk of breast cancer: dose-response meta-analysis of prospective studies. Medicine (Baltimore). 2013;92(3):123.

[21] Travis RC, Balkwill A, Fensom GK et al. Night Shift Work and Breast Cancer Incidence: Three Prospective Studies and Meta-analysis of Published Studies. J Natl Cancer Inst. 2016;108(12) Epub 2016 Oct 6.

[22] Hauser R, Duty S, Godfrey-Bailey L et al. Medications as a source of human exposure to phthalates. Environ Health Perspect. 2004;112(6):751.

[23] Allam MF. Breast Cancer and Deodorants/Antiperspirants: a Systematic Review. Cent Eur J Public Health. 2016 Sep;24(3):245-247. doi: 10.21101/cejph.a4475.

[24] Beral V, Bull D, Doll R et al. Breast cancer and abortion: collaborative reanalysis of data from 53 epidemiological studies, including 83 000 women with breast cancer from 16 countries. Lancet. 2004;363(9414):1007.

[25] Lipworth L, Tarone RE, Friis S et al. Cancer among Scandinavian women with cosmetic breast implants: a pooled long-term follow-up study. Int J Cancer. 2009;124(2):490.

Capítulo 5

[1] Torre LA, Bray F, Siegel RL et al. Global cancer statistics, 2012. CA Cancer J Clin. 2015;65(2):87.

[2] Tabár L, Dean PB, Chen TH et al. The incidence of fatal breast cancer measures the increased effectiveness of therapy in women participating in mammography screening. Cancer. 2019;125(4):515. Epub 2018 Nov 8.

[3] National Comprehensive Cancer Network. www.nccn.org

[4] Cantanhede, Eliane. Jose Alencar: Amor a vida. A saga de um brasileiro. Editora: Primeira Pessoa. ISBN: 8575426249. Publicação: 2010.

[5] Couch FJ, Shimelis H, Hu C et al. Associations Between Cancer Predisposition Testing Panel Genes and Breast Cancer. JAMA Oncol. 2017;3(9):1190.

[6] Kurian AW, Ward KC, Howlader N et al. Genetic Testing and Results in a Population-Based Cohort of Breast Cancer Patients and Ovarian Cancer Patients. J Clin Oncol. 2019;37(15):1305. Epub 2019 Apr 9.

[7] Tung N, Battelli C, Allen B et al. Frequency of mutations in individuals with breast cancer referred for BRCA1 and BRCA2 testing using next-generation sequencing with a 25-gene panel. Cancer. 2015 Jan;121(1):25-33. Epub 2014 Sep 3.

[8] Robson ME, Bradbury AR, Arun B et al. American Society of Clinical Oncology Policy Statement Update: Genetic and Genomic Testing for Cancer Susceptibility. J Clin Oncol. 2015;33(31):3660. Epub 2015 Aug 31.

[9] Gleiser, Marcelo. O Caldeirão Azul: O universo, o homem e seu espírito. Editora: Record. ISBN: 9788501117090. Publicação: 2019.

[10] Branco, Paulo Antônio Da Silva Andrade; Branco, Tiago Pugliese; Pereira, Felipe Moraes Toledo et al. Espiritualidade em Oncologia: Conceitos e Prática. Editora: Atheneu. ISBN: 9788538808886. Publicação: 2017.

[11] ACR BI-RADS Atlas, Breast Imaging Reporting and Data System, 5th ed, D'Orsi CJ, Sickles EA, Mendelson EB, et al (Eds), American College of Radiology, Reston, VA 2013.

[12] Sullivan SR, Fletcher DR, Isom CD et al. True incidence of all complications following immediate and delayed breast reconstruction. Plast Reconstr Surg. 2008;122(1):19.

[13] Temple-Oberle C, Shea-Budgell MA, Tan M et al. Consensus Review of Optimal Perioperative Care in Breast Reconstruction: Enhanced Recovery after Surgery (ERAS) Society Recommendations. Plast Reconstr Surg. 2017;139(5):1056e.

[14] Duijts SF, van Beurden M, Oldenburg HS et al. Efficacy of cognitive behavioral therapy and physical exercise in alleviating treatment-induced menopausal symptoms in patients with breast cancer: results of a randomized, controlled, multicenter trial. J Clin Oncol. 2012;30(33):4124. Epub 2012 Oct 8.

[15] Shapiro CL, Recht A. Side effects of adjuvant treatment of breast cancer. N Engl J Med. 2001;344(26):1997.

[16] Giseli Vieceli Farinhas; Maria Isabel Wendling, I; Letícia Lovato Dellazzana-Zanon et al. Psychological impact of a cancer diagnosis on the family: a case study on the perception of the caregiver. Pensando fam. vol.17 n.2 Porto Alegre dez. 2013.

Capítulo 6

[1] Xiaofeng Dai, Ting Li, Zhonghu Bai et al. Breast cancer intrinsic subtype classification, clinical use and future trends. Am J Cancer Res. 2015; 5(10): 2929–2943.

[2] Quiet CA, Ferguson DJ, Weichselbaum RR, et al. Natural history of node-positive breast cancer: the curability of small cancers with a limited number of positive nodes. J Clin Oncol. 1996;14:3105–3111.

[3] Amin MB, Edge S, Greene F, et al. (eds.). AJCC Cancer Staging Manual, 8th ed. New York, NY: Springer; 2017.

[4] Loprinzi CL, Ravdin PM, de Laurentiis M, et al. Do American oncologists know how to use prognostic variables for patients with newly diagnosed primary breast cancer? J Clin Oncol. 1994;12:1422–1426.

[5] Cardoso F, van't Veer LJ, Bogaerts J, et al. 70-Gene signature as an aid to treatment decisions in early-stage breast cancer. N Engl J Med. 2016;375:717–729.

[6] Rosen PP, Groshen S, Kinne DW, et al. Factors influencing prognosis in node-negative breast carcinoma: analysis of 767 T1N0M0/T2N0M0 patients with long-term follow-up. J Clin Oncol. 1993;11:2090–2100.

[7] Rakha EA, El-Sayed ME, Lee AH, et al. Prognostic significance of Nottingham histologic grade in invasive breast carcinoma. J Clin Oncol. 2008;26:3153–3158.

[8] D'Orsi CJ, Sickles EA, Mendelson EB, et al. ACR BI-RADS Atlas, Breast Imaging Reporting and Data System, 5th ed, American College of Radiology, Reston, VA 2013.

[9] Wang M, He X, Chang Y et al. A sensitivity and specificity comparison of fine needle aspiration cytology and core needle biopsy in evaluation of suspicious breast lesions: A systematic review and meta-analysis. Breast. 2017;31:157. Epub 2016 Nov 17.

[10] Johnson JM, Johnson AK, O'Meara ES et al. Breast cancer detection with short-interval follow-up compared with return to annual screening in patients with benign stereotactic or US-guided breast biopsy results. Radiology. 2015;275(1):54. Epub 2014 Nov 25.

[11] Gabbiani G, Kapanci Y, Barazzone P et al. Immunochemical identification of intermediate-sized filaments in human neoplastic cells. A diagnostic aid for the surgical pathologist. Am J Pathol. 1981;104(3):206.

[12] Noone AM, Howlader N, Krapcho M et al. American Cancer Society. Cancer Facts & Figures 2019. Atlanta, Ga: American Cancer Society; 2019.

[13] Li CI, Uribe DJ, Daling JR et al. Clinical characteristics of different histologic types of breast cancer. Br J Cancer. 2005;93(9):1046.

[14] Camp MS, Coopey SB, Tang R, et al. Management of positive sub-areolar/nipple duct margins in nipple-sparing mastectomies. Breast J. 2014;20(4):402.

[15] Fan C, Oh DS, Wessels L et al. Concordance among gene-expression-based predictors for breast cancer. N Engl J Med. 2006;355(6):560.

Capítulo 7

[1] Kesson EM, Allardice GM, George WD et al. Effects of multidisciplinary team working on breast cancer survival: retrospective, comparative, interventional cohort study of 13 722 women. BMJ. 2012;344:e2718. Epub 2012 Apr 26.

[2] Branco, Paulo Antônio Da Silva Andrade; Branco, Tiago Pugliese; Pereira, Felipe Moraes Toledo et al. Espiritualidade em Oncologia: Conceitos e Prática. Editora: Atheneu. ISBN: 9788538808886. Publicação: 2017.

[3] Veronesi U, Cascinelli N, Mariani L et al. Twenty-year follow-up of a randomized study comparing breast-conserving surgery with radical mastectomy for early breast cancer. N Engl J Med. 2002;347(16):1227.

[4] von Minckwitz G, Untch M, Blohmer JU et al. Definition and impact of pathologic complete response on prognosis after neoadjuvant chemotherapy in various intrinsic breast cancer subtypes. J Clin Oncol. 2012 May;30(15):1796-804. Epub 2012 Apr 16.

[5] Fisher B, Anderson S, Bryant J et al. Twenty-year follow-up of a randomized trial comparing total mastectomy, lumpectomy, and lumpectomy plus irradiation for the treatment of invasive breast cancer. N Engl J Med. 2002;347(16):1233

[6] Mocellin S, Goldin E, Marchet A et al. Sentinel node biopsy performance after neoadjuvant chemotherapy in locally advanced breast cancer: A systematic review and meta-analysis. Int J Cancer. 2016;138(2):472.

[7] Brandberg Y, Malm M, Blomqvist L et al. A prospective and randomized study, "SVEA," comparing effects of three methods for delayed breast reconstruction on quality of life, patient-defined problem areas of life, and cosmetic result. Plast Reconstr Surg. 2000;105(1):66.

[8] Warren Peled A, Foster RD, Stover AC et al. Outcomes after total skin-sparing mastectomy and immediate reconstruction in 657 breasts. Ann Surg Oncol. 2012;19(11):3402.

[9] Cocquyt VF, Blondeel PN, Depypere HT et al. Better cosmetic results and comparable quality of life after skin-sparing mastectomy and immediate autologous breast reconstruction compared to breast conservative treatment. Br J Plast Surg. 2003;56(5):462.

[10] Chatterjee A, Nahabedian MY, Gabriel A et al. Early assessment of post-surgical outcomes with pre-pectoral breast reconstruction: A literature review and meta-analysis. J Surg Oncol. 2018;117(6):1119. Epub 2018 Jan 18.

[11] Torres Lacomba M, Yuste Sánchez MJ, Zapico Goñi A et al. Effectiveness of early physiotherapy to prevent lymphoedema after surgery for breast cancer: randomised, single blinded, clinical trial. BMJ. 2010;340:b5396. Epub 2010 Jan 12.

[12] Cortazar P, Zhang L, Untch M et al. Pathological complete response and long-term clinical benefit in breast cancer: the CTNeoBC pooled analysis. Lancet. 2014 Jul;384(9938):164-72. Epub 2014 Feb 14.

[13] Paul J. Hesketh, M.D. Chemotherapy-Induced Nausea and Vomiting. N Engl J Med 2008; 358:2482-2494.

[14] Krish Patel, MD; Howard (Jack) West, MD. Febrile Neutropenia. JAMA Oncol. 2017;3(12):1751.

[15] Timothy J Brown, MD; Ramy Sedhom, MD; Arjun Gupta, MD et al. Chemotherapy-Induced Peripheral Neuropathy. JAMA Oncol. 2019;5(5):750.

[16] Untch M, Jackisch C, Schneeweiss A et al. NAB-Paclitaxel Improves Disease-Free Survival in Early Breast Cancer: GBG 69-GeparSepto. J Clin Oncol. 2019.

[17] McGale P, Taylor C, Correa C et al. EBCTCG (Early Breast Cancer Trialists' Collaborative Group). Effect of radiotherapy after mastectomy and axillary surgery on 10-year recurrence and 20-year

breast cancer mortality: meta-analysis of individual patient data for 8135 women in 22 randomised trials. Lancet. 2014 Jun;383(9935):2127-35. Epub 2014 Mar 19.

[18] Kunkler IH, Williams LJ, Jack WJ et el. Breast-conserving surgery with or without irradiation in women aged 65 years or older with early breast cancer (PRIME II): a randomised controlled trial. Lancet Oncol. 2015 Mar;16(3):266-73. Epub 2015 Jan 28.

[19] Smith BD, Bentzen SM, Correa CR et al. Fractionation for whole breast irradiation: an American Society for Radiation Oncology (ASTRO) evidence-based guideline. Int J Radiat Oncol Biol Phys. 2011;81(1):59.

[20] Smith IE, Dowsett M. Aromatase inhibitors in breast cancer. N Engl J Med. 2003;348(24):2431.

[21] Dowsett M, Forbes JF, Bradley R et al. Aromatase inhibitors versus tamoxifen in early breast cancer: patient-level meta-analysis of the randomised trials. Lancet. 2015;386(10001):1341. Epub 2015 Jul 23.

[22] Hammond ME, Hayes DF, Dowsett M et al. American Society of Clinical Oncology/College Of American Pathologists guideline recommendations for immunohistochemical testing of estrogen and progesterone receptors in breast cancer. J Clin Oncol. 2010;28(16):2784. Epub 2010 Apr 19.

[23] Wagner LI, Zhao F, Goss PE et al. Patient-reported predictors of early treatment discontinuation: treatment-related symptoms and health-related quality of life among postmenopausal women with primary breast cancer randomized to anastrozole or exemestane on NCIC Clinical Trials Group (CCTG) MA.27 (E1Z03). Breast Cancer Res Treat. 2018;169(3):537. Epub 2018 Feb 17.

[24] Noone AM, Cronin KA, Altekruse SF et al. Cancer Incidence and Survival Trends by Subtype Using Data from the Surveillance Epidemiology and End Results Program, 1992-2013. Cancer Epidemiol Biomarkers Prev. 2017;26(4):632. Epub 2016 Dec 12.

[25] Cardoso F, van't Veer LJ, Bogaerts J, et al. 70-Gene signature as an aid to treatment decisions in early-stage breast cancer. N Engl J Med. 2016;375:717–729.

[26] Gabbiani G, Kapanci Y, Barazzone P et al. Immunochemical identification of intermediate-sized filaments in human neoplastic cells. A diagnostic aid for the surgical pathologist. Am J Pathol. 1981;104(3):206.

Agradecimentos

Este livro contou com a especial colaboração de:

Denise Tiemi Noguchi Maki, médica formada pela Faculdade de Ciências Médicas da Santa Casa de São Paulo, com título de especialista em Cancerologia Pediátrica pela Sociedade Brasileira de Cancerologia; pós-graduação em Bases de Medicina Integrativa pelo Instituto Israelita de Ensino do Hospital Israelita Albert Einstein; especialização em Medicina Paliativa pelo Instituto Paliar e em Psico-oncologia pelo Hospital Pérola Byington. É médica da Saúde Populacional e responsável técnica pela Equipe de Medicina Integrativa e Programa Survivorship do Hospital Israelita Albert Einstein.

Manoel Carlos Leonardi de Azevedo Souza, graduado em Medicina pela Faculdade de Medicina de Ribeirão Preto da Universidade de São Paulo (2009), com residência em Clínica Médica pelo Hospital das Clínicas de Ribeirão Preto da Universidade de São Paulo (2013). Foi médico assistente na Unidade de Terapia Intensiva do Hospital Estadual de Américo Brasiliense, do complexo hospitalar do Hospital das Clínicas de Ribeirão Preto, da Universidade de São Paulo (2013). Realizou residência médica em Oncologia Clínica pelo Instituto do Câncer do Estado de São Paulo da Faculdade de Medicina da Universidade de São Paulo (ICESP – FMUSP) (2017). Foi membro do ASCO University Fellows Advisory Group (2014-2017). Atualmente é médico assistente da Oncologia Clínica do Hospital BP Mirante da Beneficência Portuguesa de São Paulo.

Sandra Elisa Adami Batista Gonçalves, médica nutróloga do Departamento de Oncologia e Hematologia do Hospital Israelita Albert Einstein; nutróloga diarista do Hospital Sancta Maggiore – Rede Prevent Senior; doutoranda em Obesidade – UNIFESP.

Rua Dona Inácia Uchoa, 62
04110-020 – São Paulo – SP (Brasil)
Tel.: (11) 2125-3500
http://www.paulinas.com.br – editora@paulinas.com.br
Telemarketing e SAC: 0800-7010081